总主编　方剑乔

浙江中医临床名家

朱古亭

周云逸　主编

科学出版社
北　京

内 容 简 介

本书是“浙江中医临床名家”丛书之一，介绍了浙江名医朱古亭。朱古亭是浙江中医药大学的知名教授、浙江省名老中医，医德高尚、医术高超，教书育人之余，勤于治学，留下了宝贵的临床经验和丰硕的学术成果。本书在深入采访朱古亭家人、学生的基础上，结合朱氏家谱、相关史料及朱古亭存世著述，介绍其生平事迹，总结其治疗肺病、脾胃病、心肝病、肾病、妇科病的临床经验，客观评价其学术思想和学术成就。从学术传承的角度，阐述其弟子的传承情况，并编制了大事概览及学术传承脉络。本书有助于弘扬朱古亭的高风亮节、精湛医术，发掘名老中医的成长经验，丰富浙派名老中医传记资料库。

本书可供中医临床、科研人员及在校学生阅读使用，也可供中医爱好者参考。

图书在版编目（CIP）数据

浙江中医临床名家·朱古亭 / 方剑乔总主编；周云逸主编 .—北京：科学出版社，2019.6

ISBN 978-7-03-061657-9

Ⅰ.①浙… Ⅱ.①方… ②周… Ⅲ.①朱古亭－生平事迹 ②中医临床－经验－中国－现代 Ⅳ.① K826.2 ② R249.7

中国版本图书馆 CIP 数据核字 (2019) 第 118530 号

责任编辑：鲍　燕　刘　亚　国晶晶 / 责任校对：王晓茜
责任印制：徐晓晨 / 封面设计：黄华斌

科学出版社 出版

北京东黄城根北街 16 号
邮政编码：100717
http://www.sciencep.com

北京捷迅佳彩印刷有限公司 印刷

科学出版社发行　各地新华书店经销

*

2019 年 6 月第　一　版　开本：720×1000　B5
2019 年 6 月第一次印刷　印张：9 1/4　插页：2
字数：171 000

定价：58.00 元

（如有印装质量问题，我社负责调换）

朱古亭先生

本书编委与朱古亭家人合影

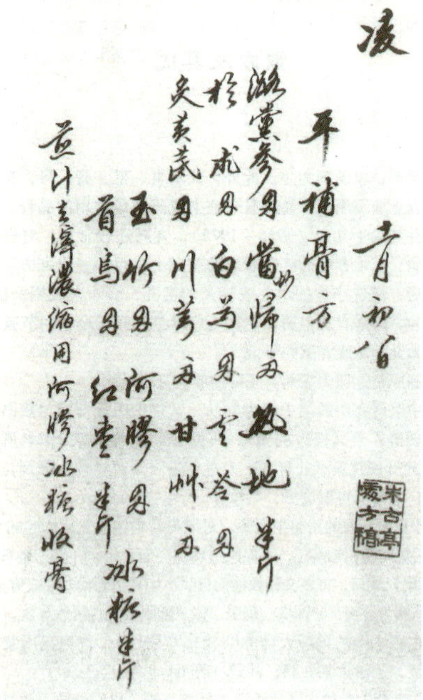

朱古亭处方笺

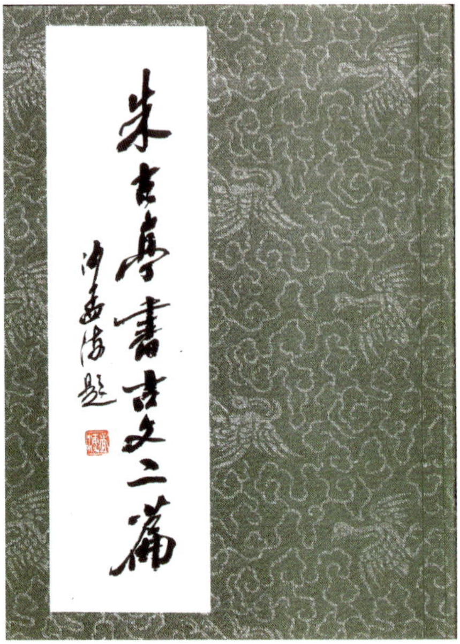

《朱古亭书古文二篇》封面书影

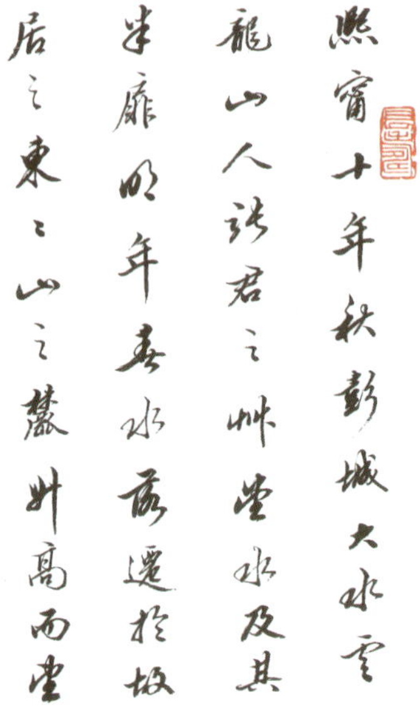

《朱古亭书古文二篇》内页书影

浙江中医临床名家

丛书编委会

主　编　方剑乔

副主编　郭　清　李俊伟　张光霁　赵　峰

陈　华　梁　宜　温成平　徐光星

编　委（按姓氏笔画排序）

丁月平　马红珍　马睿杰　王　艳

王彬彬　王新华　王新昌　牛永宁

方剑乔　朱飞叶　朱永琴　庄海峰

刘振东　许　丽　寿迪文　杜红根

李　岚　李俊伟　杨　珺　杨珺超

连暐暐　余　勤　谷建钟　沃立科

宋文蔚　宋欣伟　张　婷　张光霁

张丽萍　张俊杰　陈　华　陈　芳

陈　晔　武利强　范军芬　林咸明

周云逸　周国庆　郑小伟　赵　峰

宣晓波　姚晓天　夏永良　徐　珊

徐光星　高文仓　郭　清　唐旭霞

曹　毅　曹灵勇　梁　宜　葛蓓芬

智屹惠　童培建　温成平　谢冠群

虞彬艳　裴　君　魏佳平

浙江中医临床名家·朱古亭

编 委 会

主　编　周云逸

副主编　张天星

编　委　周云逸　张天星　谭亚男

姚唐杰　何一心　张双艺

总　　序

中华医药，博大精深，源远流长。灵兰秘典，阴阳应象，穷万物造化之妙；《金匮》真言，药石施用，极疴疾辨治之方。诚夷夏百姓之瑰宝，中华文明之荣光。

浙派中医，守正出新，名家纷扬。丹溪景岳，《格致》《类经》，释阴阳虚实之论；桐山葛岭，《采药》《肘后》，载吴越岐黄之央。固钟灵毓秀之胜地，至道徽音之华章。

浙中医大，创业惟艰，持志以亢。忆保俶山下，庠序进修，克艰启幔；贴沙河干，省立学府，历难扬帆；钱塘江畔，名更大学，梦圆字响。望滨文南北，富春秋冬，三区鼎足，一校华光；惟天惟时，其命维新，一德以持，六艺互襄；部省共建，重校启航，黾勉奋发，踵武增华。

甲子校庆，名医辈出，几代芳华。值此浙江中医药大学建校六十周年之际，特辑撰“浙江中医临床名家”丛书，以五十二位浙江中医药大学及直属附属医院名医为体，以中医萌芽、名师指引、声名鹊起、高超医术、学术成就、桃李天下为纲，叙名家成长成才之历程，探名家学术经验之幽微，期有益于同仁之鉴法、德艺之精进。

时己亥初夏

目　录

第一章

中医萌芽

第一节　生平之概览

朱古亭（1913～1995年），字翼然，笔名古亭，堂号嘉荫草堂，浙江湖州戴山人。生前为中国书法家协会会员，浙江中医学院（现为浙江中医药大学）教授、主任医师，浙江省名老中医，著有《朱古亭临证录》《朱古亭书古文二篇》等。据其弟朱访廷所撰《嘉荫堂朱氏家谱》记载，朱古亭是中国农工民主党党员。

朱古亭的祖父朱鹅泉，精于眼科，生有三子，唯朱古亭之父朱仰庭传其业。朱仰庭从湖州名医王梦兰、程幼泉两先生请益，王梦兰擅感证，程幼泉擅妇科诸证，故朱仰庭先生感证、妇科皆擅长。朱仰庭育有二子，皆从医道。次子朱访廷随父居于湖州市，擅无子症，朱古亭则悬壶于长兴县。

朱古亭自幼好学，10岁便开始读《幼学琼林》《孟子》《古文观止》等书，同时开始学习中医经典著作。17岁，正式接触临床，随父侍诊，在父亲的严格要求及自身的刻苦努力下，医技大进。25岁时，朱古亭前往长兴，独立行医。由于其临证见效颇佳，且秉承父训，对待病人温和亲切，不久便闻名于长兴，前来就诊者络绎不绝，诊疗经验愈加丰富。

新中国成立之初，朱古亭应党和国家号召，毅然放弃个人开业收益，于1951年组织建立长兴洪桥中医联合诊所并担任所长，为中医药事业的发展贡献一份力量。之后其在长兴中医学徒班兼职教师，教授四大经典、内外妇儿等十余门课程，培育未来中医事业的接班人。

1958年在党中央的指示下，全国掀起了学习中医的热潮。正是在这一年，朱古亭去往浙江省中医进修学校深造。浙江省中医进修学校于1953年创立，于1959年正式成立浙江中医学院。1960年，朱古亭以优异成绩留校任教。几十年来，朱古亭专心教学，兢兢业业，先后担任过从本科生到研究生的中医基础理论、《黄帝内经》、《伤寒论》、《金匮要略》、中国医学史、中医各家学说等课程的教学，还结合临床经验，为西医学习中医班、主治医师提高班、主治医师知识更新班等开设各类讲座，为国家的中医事业培养了大批人才。

朱老在教学上投入了大量的精力。据其弟子介绍，朱老上课从不请假，授课踏实严谨，深受学生欢迎。书法家陆维钊曾在浙江中医学院讲授医古文，与朱老是挚友，二人有感于古籍医典译注多有讹误，相约为中医古籍加句读，对部分错误注释进行修正。1963年，朱老参与编译的《温病条辨白话解》由人民卫生出版社出版。1975年，他又撰成《教学门诊医案选》，用作教学参考资料。

从1979年至1989年，朱老开始一对一带教硕士研究生。他先后指导董襄国、许小平、竹剑平三位研究生，他指导研究生撰写的《肝脾同病，孰先孰后》和《试析王孟英成为一代名医的几个因素》等文章分别获得浙江省中青年论文评比二等奖和三等奖。1980年朱老收傅伟富为民间传承弟子。1983年朱老被评为浙江省名老中医，根据浙江省卫生厅的文件，他指定沈浪泳为其“师带徒”弟子。在朱老指导下，沈浪泳与学校计算机专家王海舜一起研制了“朱古亭教授诊疗胃脘痛电脑模拟系统”，并于1988年获浙江省老中医学术经验继承优秀奖。朱老对学生包容宽厚，支持学生根据兴趣进行跨学科的研究，1988年朱老指导研究生许小平撰写的论文《阴阳熵的假设及其应用》参加了国际生物教学学术会交流。

此外，还有一些学生曾跟随朱老抄方，聆听授课、讲座的学生更是不计其数，朱老以教学形式培养了大批医家。朱老对待学生一视同仁，宽厚和蔼，尽心尽力，为他们的学业提供指导，他教导学生不一定做名医，但一定要力争做“明医”。

朱老在教学之余，勤于实践和总结经验，潜心著述，发表中医学论文三十余篇，部分医学论文被收入《全国名老中医经验荟萃》《浙江名老中医经验集》《中医疑难病证分析》《名医特色经验精华》等书中，在中医学界有一定的影响。朱老一生看病无数，积累了大量的临床医案，后收录于其弟子整理的《朱古亭临证录》中，书中医案多为朱老晚年记录，具有重要的学术价值和临床价值。

朱老不仅认真对待学校的教学事务，更一直从事临床医疗。中医的精髓在于临证，只有不断学习，不断接触临床，才能在从医的道路上越走越远。朱老一直秉持“大医精诚”的理念，把患者放在第一位。他常说：中国医学是中国人智慧的结晶，是中国人的骄傲，是一门实践性很强的学科，我们要勤于实践，才能在实践中不断地有所发现，有所创造。他一生坚守着自己所说的话，不断锻炼自己，有着丰富的临床经验，擅长妇科，对内科、外科、儿科均有所长，通过自制佛手散、柴胡郁金汤等方治疗胃痛、胆囊炎，屡有奇效。朱老善用经方，讲究博采众方，勤求古训，他提倡专病专方，对每类疾病都深入研究；在诊断上重视察舌，辨脉；在治疗上，尤其重视脾胃等慢性疾病。

朱老医术精湛，临床疗效颇佳，治病重视分清标本虚实，急者治标，缓者治本，对症治之。据朱老的弟子傅伟富介绍，朱老曾治一崩漏病人，病人就诊时已近虚脱，除中药处方外，朱老让病人家属备两瓶醋，倒进罐中，再拿秤砣在炉子上烧红，放进醋中，在病人鼻旁熏五分钟，病人立即清醒，醒后调理3个月，随即痊愈。病人是危急症，首先应治其标证，使其清醒，再予对症方药去其病因。还有胆囊炎病史的病人经朱老调理一段时间，此后二十余年未曾复发。沙孟海曾书称其“活人无数”，佐证了朱老的高超医术。

朱老为人谦逊低调，专心于临床及教学，业余爱好书法。朱老出生于中医世家，从小父训极严，时常教导他，医儒同源，学医必须医学、文章、书法并重，以求立案处方，相得益彰。朱老书法初学颜真卿、欧阳询，晚师赵孟頫、董其昌，博采其长，融会四家，故素质清秀，珠圆玉润，深受书家大师沙孟海的赞赏。1989年，西泠印社及中国书法家协会浙江分会和湖州市文联（即湖州市文学艺术界联合会）先后在杭州和湖州举办“朱古亭书法展览”，同年《朱古亭书古文二篇》在香港出版。

朱老治学行医，有许多优点，值得称道。其一，谦虚好学，刻苦钻研。据其弟子所述，朱老82岁时还说：“我中医只学了点皮毛。”其谦虚可见一斑。从长兴行医，到杭州求学，再到杭州任教，朱老不断丰富自己的学识和诊疗手段，其从医生涯始终保持谦逊的态度，不断学习，永不止步。其二，遣方稳重，做事认真。朱老在看完病人后，所开处方他还要精研一番，审视自己理法方药，待病人复诊时加以验证并酌情施治。这种认真的态度是朱老医术不断精进的必备要素。

朱老的言行至今仍为人称道。对于病人而言，朱老不但医技高超，而且医德高尚，他不论病人身份地位，均一视同仁，皆设身处地为他们着想。对于家人而言，他言传身教，教导后代真诚待人。朱老的子孙总能想起每逢朱老回到湖州老家，他那慈祥的笑容，以及他治病不收诊疗金的高风亮节。这些都在朱老的子孙后辈心中留下不可磨灭的印记。

对于学生而言，朱老不仅是良师，更像是父亲。在学业上，朱老认真指导学生，讲究遵从学生自己的兴趣爱好，对待学生像对待自己的孩子一般。朱老认为培养学生要学会付出，他自身也是如此践行，只要是力所能及，都乐于帮助。在生活中，朱老对学生也是照顾有加。朱老在家中专门备有学生的餐具，常常是等着学生下课后一起吃饭。朱老的言行对学生的影响极为深远，朱老温和、低调的品行，是值得学生们一生挖掘的宝藏。傅伟富回忆朱老对他说过：学要学专，特别是对于学医，要负责到底，活到老学到老。

1994年10月，朱老离开杭州，回到湖州老家；一直到次年5月，朱老仍坚持在家中坐诊。1995年11月朱老与世长辞。

朱老80岁时，曾写过一幅歌颂师德的书法作品，其中写道："燃烧自己，照亮别人的烛炬；生命不息，吐丝不尽的春蚕；辛勤劳作，培养鲜花的园丁。"[①]师者燃烧自己，照亮别人；医者以医术立身，以医德立世，这正是朱老一生的写照。

第二节　中医结良缘

出生于浙江湖州世医之家，朱老自少年时代就与中医结下了不解之缘。从文化环境、家庭影响、时代需求与个人志向等方面，可追溯朱老与中医的因缘。

湖州在历史上曾出现不少有名的中医药专家，并留下很多颇具影响的医药学著作。北周时，武康的姚菩提是祖传三代名医，其子姚僧垣为梁武帝、梁元帝、梁宣帝三朝帝王治病，名噪一时。陈氏妇科始祖于唐，到了宋代，后裔为康王妃治病而获赐"宫扇"。宋代医家朱肱治伤寒有专长，创制温病新方，开温病学说之先河。明代凌云擅长针灸，《明史》载："海内称针法者，曰归安凌氏。"乌程王中立精儿科，世代相传。清代名医吴坤安，对论证热病多创见。凌云后代凌奂，亦为清代名医，从学者百余人。潘氏外科，是江南主要外科学术流派。查氏喉科、柏氏眼科，均世代相传，各有所长。

① 汪介培. 师魂颂·书法卷[M]. 济南：山东友谊出版社，1993：49.

湖州籍医家自南北朝至清代，有200余名，医学著作达200余部①。

朱老的祖父朱鹣泉精于眼科，父亲朱仰庭独专父业，又师从名医王梦兰、程幼泉。朱仰庭在治疗胎前产后诸病上，有着手成春、覆杯而愈的美誉。朱老从小眼中见到最多的场景就是父亲搭脉开方，救治病人。一位沈姓妇女，产后胎已下，而仍阵胀不休，朱仰庭诊断后，明确是气虚所致，遂开出补中益气之方，该患者服药后，竟然一剂而愈。父亲高超的医技，对朱老产生了巨大的影响。

朱仰庭对于诊费不计锱铢，有着济贫扶困之心。有一次朱仰庭看完病，拿着馍回家，看到有两个病人饥饿，就将馍给了病人，而让自己家人挨饿。宋鞠舫在《朱仰庭先生传》中记载："岁值荐饥，里中有办施粥者，先生适应诊归来，囊中有墨洋一枚，即慷慨与之，家中子女嗷嗷待哺，反质衣以籴也。"②父亲如此仁心义举，对朱老后来的行医生涯产生了潜移默化的影响。

朱仰庭是一位严父，他对朱老学习中医的要求极为严格，朱老童年时代就被要求鸡鸣即起，诵读经典，夜晚继续点烛看书；在精研岐黄的同时，文章、书法亦需并重。旧时中医处方皆用毛笔书写，朱老随父侍诊时一律用正楷抄写处方，孜孜不倦地整整抄了三年，从而医学和书法兼得。学习中医的过程是艰苦的，没有一颗坚定的心难以达到名医的境界。

对于学习中医的人来说，继承是第一步。朱老既从父命，又遵本心，开始学习中医后，传承光大祖传的医术。在那个时代，学习中医没有像现在这么好的条件，朱老是幸运的，父亲的行医经验是他最好的指引。朱老也是"不幸"的，在同龄人还处于懵懂玩闹的时候，他已闻鸡而起，研习经典。

朱仰庭在湖州戴山行医五十载，治病救人，乐善好施，这种高尚的医德，深深触动了朱老的内心。救民于苦厄，这本是历代名医共同的志向。苦难的现实，促使朱老思考作为一名医者的责任。他独立行医后，秉承父训，治病救人，不求回报。

中华人民共和国成立后，国家倡导发展中医药，朱老响应号召，组建联合诊所，教授经典课程，传播中医文化。面对西医的冲击，中医的发展步履维艰，中医师徒相传的发展模式，使得中医在传承和发展上限制颇多。在新中国急需大量医生之时，朱老等一批中医药人迎难而上，以班级的形式进行

---

① 王克文. 湖州市志. 下卷[M]. 北京：昆仑出版社，1999：2000.

② 周明道. 观沧楼随笔[M]. 杭州：钱塘诗社，1993：70-71.

教学，传播中医药知识，为国家的医药卫生建设添砖加瓦。

学习中医之后，朱老深感中医继承发展的重要性。当时已界不惑之年的朱老在长兴已拥有良医的美誉，但他并不故步自封，安于现状，而是不断学习，永不止步。浙江省中医进修学校的兴办，为朱老进一步学习中医创造了条件。朱老在这一时期对中医的系统学习，为其之后的中医之路奠定了稳固的基石。

古往今来，世医之家的第一代医者大都是通过自身的努力来为后辈创造条件，而后代的继承者也必兢兢业业，吸收前代经验，方能传承光大医术。朱老自二十余岁独立门诊，直到离世前，一直行医不辍。在朱老一甲子的行医生涯中，他一直将患者放在首位，出诊不分昼夜，看病不分贵贱，成为至今仍在患者之间口口相传、内心尊崇的名医。可以说，朱老的个人天分及后天的不懈努力，是其与中医结缘并在中医领域取得突出成就的根本原因所在。

西汉以后的名医大多非儒即道，或儒道佛兼修。佛家讲究慈悲救苦，道家主张行善积德，儒家倡导仁德思想，这些思想是古代医家为人处世、治病愈疾的精神支柱。朱老自小接触儒家思想，熟读《孟子》等书，儒家的仁爱精神早已融入他心中，因此朱老行医讲究仁者爱人，有着高度的责任意识。有人认为中国古代的医家有着以下共同的人文情怀：淡泊名利、治学精勤、医风严谨；不贪财色、不分贵贱、不畏艰苦、诚信不欺、敦朴自重、谦和恭谨[①]。细细看来，这些品质，朱老皆具备。因而从这一角度来说，朱老可以称为儒医。

朱老的一生致力于中医药事业的发展，以善良心态看待世间万物。朱老具有高超医术和高尚医德，是浙江中医药大学众多名医中的一位典范。

① 谭素娟，王蕊芳，王睿. 中国古代医家人文精神的研究[J]. 南京中医药大学学报：社会科学版，2008，（2）：68-71.

第二章　名师指引

第一节　医学有渊源

朱古亭祖上三世业医，三世以来，家道日益昌盛，医名日益显著，到朱古亭先生时，不论是医术还是人品，皆享誉乡里，备受称赞。朱氏家道传承历史中，颇有些传奇色彩。

一、祖父朱鹅泉

朱鹅泉（1855～1905年）①是古亭先生的祖父，系清末人，世居湖州戴山。朱鹅泉以眼科医生行世，盖古之所谓方士之类，自创堂号“嘉荫草堂”，时家道贫弱，虽无广厦，但行医之处便是嘉荫草堂。草堂之名三世相传，声名远播，在朱古亭时更著。

张仲景有“各承家技，终始顺旧”（《伤寒论》）之戒，孙思邈有谓，欲成苍生大医，必须“博极医源，精勤不倦”（《备急千金要方》），方能致之。若止眼于家传之技、一效之方，终归泛泛，毕竟碌碌，此为世医所共知。时鹅泉先生有三子，朱仰庭系其幼子，盖有意让幼子传承家族医脉，鹅泉先生决定置重金为幼子朱仰庭觅良师，这个决定再次影响了一个家族的命运，为朱古亭的成长积淀了深厚而肥沃的土壤。

朱仰庭拜入王梦兰、程幼泉两位当地名医门下，此二位前辈，王梦兰擅长治疗外感病，程幼泉擅长治疗妇科病，朱仰庭均有传承。

二、名医王梦兰

我们是从朱古亭先生后人的讲述中得知古亭先生的父亲曾师从当地名医

① 朱鹅泉生卒年见朱访庭1996年所编《嘉荫堂朱氏家谱》。

王梦兰，至于王梦兰的情况，我们通过文献检索找到了这位地方名医。

北京中医药大学图书馆样本库中馆藏一本《湖州十家医案》，其中记载了太平大国运动至抗日战争胜利前百余年时间内湖州地区的十名地方名医的部分医案，王梦兰名列其中。

该书在1979年由湖州中医院组织编撰而成，内部出版。该书“整理说明”中记载了该书形成过程中的一些情况：“我县吴兴，即明清时期所设乌程、归安两县范围，隶属湖州府治。《湖州十家医案》所收载的医案，是太平天国迄抗日战争胜利前的一百多年时间内，在原乌程、归安两县城乡行医的十位著名中医的遗稿。其中除朱子文医案是最近收集者外，均系宋鞠舫老中医早年向湖州医界前辈辗转抄录，选辑成册，但初稿已遭散失，幸其在海盐县学生徐善元同志，藏有复抄本，承热情支持，乃得以此为蓝本，加以整理付印。”①

王梦兰列在该书第九位，书中记载了王梦兰十余则医案，医案之前有“事略”记载了王梦兰的简要生平，足以证明其即朱仰庭所拜之师。

“事略”曰：“王梦兰，讳瑞征，乌程戴山人，生于太平天国年间，终年七十岁。十七岁入县学为秀才。乌程杨泰河名医潘沧孺聘他为家庭教师，后托人介绍说：‘我在潘家讲席，请沧孺先生指示医理，互不受纳学金。’由是边教边学，三年之后，辞归悬壶行医……当年与吴苹田、潘虚如均为湖城名医，有鼎足而三之称。”②王梦兰原是秀才，被当时的湖州名医潘沧孺聘为家庭教师，教育潘氏子弟，其中当包括潘沧孺之子潘虚如。王梦兰以互不受纳学金为条件，获潘沧孺首肯指导他习医，三年出师，悬壶长兴，后来成了与吴苹田、潘虚如齐名的湖州名医。王梦兰由儒入医，可以称得上是一名儒医。

这段记载还告诉我们，王梦兰和朱仰庭是戴山同乡，生活于同一时代，王梦兰确是当地影响深远的名医，并且文中特别提到了“受纳学金”之事，说明在当时当地，拜师学医确有交纳束脩之风，这与朱古亭先生后人所讲述的朱仰庭拜纳高额学费投师是相合不悖的。

王梦兰医术如何？有何风格？这不妨通过一则医案来了解一下。

其中一则医案十分有趣，恰是王梦兰诊疗吴苹田夫人的医案：

吴苹田先生室，癸丑正月十九日。病经四旬，潮热便溏，似属温邪内干中

① 宋鞠舫.湖州十家医案[M].湖州：湖州中医院内部发行，1979.

② 宋鞠舫.湖州十家医案[M].湖州：湖州中医院内部发行，1979：152.

道，但渴喜热饮，似呕，似哕，胸中常有愦愦无奈之象，内有停痰伏饮可见。夫有温邪必自上受，无不化热，乃阳邪也。痰饮必自内生，久滞虽能生热，究属阴邪。热必伤阴，饮必伤阳，今观其舌上如苔如腐，质不红绛，脉象濡细近虚，气阴固亏，而脾肾真阳亦见不足，虽面赤如妆，有似阴火上浮，然胸中有痰饮者，亦令面色鲜明也，今且拟益气清热，理阳消阴并行，然否请主人翁酌正。

吉林参须　霍石斛　淡附片　云　苓

桂枝木　　白　术　甘　草　黄　芩

益智仁　防　风　炒环粟　炒白芍

朴　花①

这则医案，辨理明晰，措辞谦逊，极具清代至民国时期的时代特征。此患者病经四十余日，迁延日久，阵阵发热，大便溏薄，胸中不适难以名状。王梦兰诊这位患者内有痰饮，复感温邪，内伤外感，阴阳并在，定属疑难，极有可能是经吴莘田治疗未愈，再邀请擅长治疗外感病的王梦兰一同会诊之事。吴莘田是当地与王梦兰齐名的名医，其夫人有患则寻求对方的诊治，可见吴王之间亦师亦友的关系。相传王梦兰在外感病的治疗方面独有专擅，由此也可见一斑。

王梦兰的十余则医案中多数是其诊疗外感病的病例，包含冬温、春温内陷、暑温、伏暑、疟疾、阳明痰热、中风等。医案病理辨析中，时论六经，时论卫气营血，时论三焦上下，或热或寒，或湿或燥，可见其学术渊源秉承张仲景《伤寒论》、叶天士《外感温热篇》、薛生白《湿热病篇》、吴鞠通《温病条辨》而来。江南之地潮湿炎热，外感热病十分常见，所以其医案中以温热、湿热病例多见。清末又是温病学派大放异彩的时代，以此观之，王梦兰当属《中医各家学说》分类体系下的"温病学派"医家。伤寒是温病之肇端，温病是伤寒之延续，两者也难以截然划分。

关于王梦兰，还有一则有价值的史料值得注意。朱古亭《崩漏漫录》一文，后附王梦兰与名医徐香泉的通信，极有价值。王梦兰因其夫人患崩漏，屡治无效，遂向徐香泉去信详述症状，请求指教；而徐香泉则回信详加分析，给出诊疗思路及处方。现将二人通信，照录于下，或有助于呈现王梦兰之医学素养。

王梦兰致徐香泉函

……兹因敝内得一痼疾，起于旧岁5月之间，由经期之后，无端卮漏清水，至次期经来，暴下如崩，期后仍漏水，每至月经之期水来渐多，必咳呛

① 宋鞠舫. 湖州十家医案[M]. 湖州：湖州中医院内部发行，1979：161.

呕痰，血即大下，其后成块。当大便之际，便物下坠，阻塞阴户，起而坐定则上缩。期过之后，咳呕皆平。期期如此。至12月之间，加以心胸嘈杂胀痛、愦愦无奈之状，且四肢酸重，动则气怯不堪，气短喘乏，坐定则否。平时体质丰肥，现亦不甚见瘦，肢面反浮，脉细，舌淡润，或有薄腻之苔，两边微有齿痕，唇口不泽。先服调经、固经、升阳、除湿、补中益气；继服胶艾、肾气及二陈消痰，龙、牡收涩，均不效。晚辈才疏学浅，不能自裁，商诸同道亦无把握，本拟前来求诊，奈因病不出床，不克下舟，因特细录病情，乞长者指示病源，并赐良方，则感德无慨矣。

徐香泉复王梦兰函

……接读来书，藉悉嫂夫人近患崩漏，曾服调经、固经、升阳、除湿、消痰、收涩等剂旁敲侧击，面面都到，此证治法已几将尽，而病竟有进无退，甚为不解。惟忆丹溪论此证有“涎郁胸中，清气不升，故经脉壅遏而降下，非开涎不足以行气，非行气则血不能归隧道”等语，细绎病情，尚属符合。嫂夫人素体丰肥，则内饮必富，病经半载，仍未见瘦者，病进而饮未退也。饮聚既久，络脉充沛，无所出路。期后漏水者，饮随期溢也。暴下大下者，血得水载也。水来渐多者，驾轻就熟也。临期咳呛呕痰者，引动伏饮也。有物下坠，阻塞阴户者，即丹溪所谓清气不升，壅遏而降下也。期后呕咳皆止者，饮归旧数也。以上各证，饮象尚属隐约，惟愦愦无奈，肢酸气喘，饮之本病见矣；脉细、舌润，饮之明证著矣。夫饮，阴邪也，自当以阳药和之。即本此意，悬拟一方，如蒙来择，请试服1个月，以观效否？愚者千虑一得，或冀勿笑雷门之布鼓也……

炒丹参15g　炒归身15g　姜半夏15g　制香附15g　乌梅7.5g　泽泻15g　白芍15g　茯苓20g　炮姜、桂枝各10g　陈年莲蓬壳2只　炙甘草2g[①]

朱古亭指出：“先哲王梦兰（笔者的太先生）与徐香泉二先生通函论证一则，对病因病机作出精辟分析，读之颇受启发”，[②]又说：“徐、王二公是浙江省吴兴县人，均为晚清秀才，由儒而医，对《内经》《伤寒论》等经典著作，能融会贯通。王公熟于温病之学，善治感证，对危急重病，能着手成春；徐公精内科，尤长于外科，当时负有盛名，求诊者门庭若市，其学识之渊深，经验之宏富，于此案可见一斑”[③]。

---

①单书健，陈子华. 古今名医临证金鉴·妇科卷（上卷）[M]. 北京：中国中医药出版社，1999：312-313.

②单书健，陈子华. 古今名医临证金鉴·妇科卷（上卷）[M]. 北京：中国中医药出版社，1999：312.

③单书健，陈子华. 古今名医临证金鉴·妇科卷（上卷）[M]. 北京：中国中医药出版社，1999：313.

三、名医程幼泉

朱仰庭的另一位老师程幼泉，只传其名，未见其事，虽多方检索，仍未知其详。但是我们可以推知，擅长治疗妇科病的程幼泉对朱仰庭影响深远。因为湖州名医宋鞠舫曾为朱仰庭作小传，聊聊数百言，独述朱仰庭对于妇科病的治疗见解，余则未及，可见朱仰庭治疗妇科之名是著于其治疗外感病的，这自然来自其师程幼泉的影响。

据朱氏后人口述，朱仰庭的两位老师中有一位据传是清宫御医之后，王梦兰既非其人，如果口述史真实的话，那十有八九就是程幼泉了，但这只属推测，还有待于更可靠的资料来验证。

1977年，湖州名医宋鞠舫撰《朱仰庭先生传》。此则小传亦收录于《观沧楼随笔》中，简明扼要地传达了朱仰庭的品格风貌和学术特色，从中可以看出程幼泉对朱仰庭的学术影响。

朱仰庭先生，讳祖藩，世居吴兴之戴山。父鹅泉公，精眼科。生子三，长祖道，经商，次祖恩，早年病废。

先生虽最幼，独传父业，又从同乡王梦兰、暨后襄程幼泉两先生请益。梦兰先哲善治感证，而幼泉先哲精女科，故先生善治胎前产后诸病。每治崩漏之症，恒宗血脱益气之法，悉着手成春。曾治沈姓妇，产后胎已下，而仍阵胀不休，先生诊之曰："此气虚也，宜补中益气。"果一剂而瘳。

时医之于胎前产后之病，无不守胎前宜凉，产后宜温之成法，而先生独以八纲，参加四诊，融会贯通，或温或凉，均能覆杯而愈。

先生世无恒产，而对诊费不计锱铢，且具济贫扶困之心。岁值荐饥，里中有办施粥者，先生适应诊归来，囊中有墨洋一枚，即慷慨与之，家中子女嗷嗷待哺，反质衣以籴也。

尤可敬者，母逾八秩，病偏枯三载，先生亲奉汤药，三年如一日。性刚直，独嗜酒，老年喜莳花，尤爱菊，有渊明之遗风。

生子男二，长曰古亭，次曰访庭，均传其业。享寿七十有五。乃为之赞：

孝于亲，儒家之训。识病真，方技之珍。宜德报津津，以裕其后昆[①]。

关于程幼泉的更细致情况，有待于将来新材料的出现。

① 周明道. 观沧楼随笔[M]. 钱塘诗社，1993：70-71.

四、父亲朱仰庭

在介绍朱仰庭之前，我们先了解一下为朱仰庭作传、撰集《湖州十家医案》的宋鞠舫。

宋鞠舫（1892～1980年），熟史通经，后从傅稚云习医，居三年而艺成。热心中医教育事业，曾设馆为初学中医者启蒙，历二十余年，入门弟子六十余人。主办吴兴医师公会，主编《吴兴医药》，开设诊所等。宋氏精考据，喜藏书，善著述，撰有《伤寒卒病论简注》《简明中医诊断学》《赋梅花馆医案》《吴兴医家传略》《湖州十家医案》等。新中国成立后被聘至省中医研究所进行研究工作。我们今天还能了解到湖州医家的情况，宋鞠舫先生功不可没。

朱古亭的父亲朱仰庭（1881～1956年）①，与宋鞠舫大致生活于同一时代，朱仰庭稍长十余岁，两人同为湖州名医，可视为同一代人，极有可能相识，所以宋鞠舫的《朱仰庭先生传》真实性、可靠性很高。朱仰庭在湖州医名甚著，属医界翘楚，有必要载册流芳，所以能得到宋鞠舫专门为其作传。

据宋鞠舫所作的小传，朱仰庭在妇科病治疗方面独树一帜，对胎前产后诸病很有心得。《朱仰庭先生学术经验简介》一文中，朱古亭、朱访廷兄弟二人特别提出，朱仰庭在治疗妇科病方面的造诣尤深："先君仰庭先生，世居吴兴戴山，行医五十年，积累了丰富的临床经验，妇科尤负有盛名。"②

世医治专科疾病，很容易陷入固守成法、固守成方的窠臼，形成见某症便用某方的习惯，虽时时能中，但终究失却了辨证论治的精神，不能达到十全其九的上工境界，沦为普通医匠。宋鞠舫所看到的妇科圣手朱仰庭却是一个能坚持辨证论治，保持独立思考，循大道而不守小技的医者。知其本而用之，则能应变无穷；袭其用而用之，则窘迫难通。宋鞠舫称赞朱仰庭医技："时医之于胎前产后之病，无不守胎前宜凉，产后宜温之成法，而先生独以八纲，参加四诊，融会贯通，或温或凉，均能覆杯而愈。"③胎前宜凉，产后宜温，此皆众工之所共知，而天下之病不能尽得愈者，成法必有所遗故也。朱仰庭用其法，而不囿于其法，知其然，更知其所以然，仍以四诊、八

①朱访廷《嘉荫堂朱氏家谱》前言称："我于1956年先父逝世后，参加组织行医。"则朱仰庭逝于1956年。1977年宋鞠舫撰《朱仰庭先生传》称朱仰庭"享寿七十有五"，则朱仰庭生于1881年。

②朱古亭，朱访廷. 朱仰庭先生学术经验简介[J]. 浙江中医杂志，1988（11）：481-482.

③周明道. 观沧楼随笔[M]. 杭州：钱塘诗社，1993：70.

纲为宗，能见他人不见之处，迥然高出，慧然独悟，故能桴鼓相应，覆杯而瘳。实可为后世楷模，值得传知后世。朱古亭和朱访廷称赞其父：“对经方、时方善于化裁，取长补短，融会贯通，不执前人成见，结合自己体会，灵活运用，清疏补益，各得其宜。”①

宋鞠舫所作朱仰庭传中特举一例：“曾治沈姓妇，产后胎已下，而仍阵胀不休，先生诊之曰：‘此气虚也，宜补中益气。’果一剂而瘳。”②

产后腹痛，是产后常见之病，仍责之于生产是常规思路。若不能谨察病机，俗医必投养血、活血、祛瘀、温养等剂，朱仰庭诊之，则能跳出产病的局限，识破情境的迷惑，直指病本，断为中气下陷，药证相符，故一剂而安。设不能识得病本，是患必为粗工所败。

朱仰庭除了医术精专，尚且品格高洁。我们在朱氏后人的讲述中获悉，朱仰庭继承了一笔家产，没有经济的负担，十分慷慨，为穷苦人诊病常常不收诊金，甚至还有所奉送。但据宋鞠舫的小传，仰庭先生无恒产，业医而已。朱访廷所撰家谱，与宋鞠舫的说法是一致的：“先考祖蕃公号仰庭，先妣周惠珍，生我兄弟姐妹四人，家无恒产，业医为生，性爽直，乐善好施，敬惜字纸，珍惜五谷，商挑贸易，毋占便宜，贫病不计锱铢。兄弟姐妹，教养成人，男婚女嫁，而至自立。子孙繁衍昌盛，先人积德嘉荫有以致之。今自祖考妣以下编成家谱，留为子孙纪念。”

朱访廷眼中的父亲性格爽直，良善为本，乐善好施，为贫病诊治诊金不计锱铢。宋鞠舫则谓朱仰庭“有济贫扶困之心”，并补充了一个故事来佐证。朱仰庭尝见有善人施粥济困，当即慷慨解囊，将一枚大洋相赠，而自家子女尚不能饱腹，竟然质衣而买米。这种“毫不利己，专门利人”的精神，可谓高尚。此外，朱仰庭见人之善，即兴己善，见人之贤，即思齐焉，体现了一个中国传统士人的优秀精神风貌。孙思邈在《备急千金要方》中说：“凡大医治病，必当安神定志，无欲无求，先发大慈恻隐之心，誓愿普救含灵之苦。”从这个标准来看，朱仰庭是具备“苍生大医”的品格修养的。这很值得当今医学界学习，试看芸芸众医，多少人莫不以“经济效益”为导向，开方司药，药费不达医保规定的限额则不止，神不安，志不定，欲求太盛，连治病救人的职业初心都模糊了，更遑论医者悬壶济世之德。厚德方能载物，医术的高明，医名的远扬，都要以医德的淳厚为前提，我辈不

① 朱古亭，朱访廷. 朱仰庭先生学术经验简介[J]. 浙江中医杂志，1988（11）：481-482.

② 周明道. 观沧楼随笔[M]. 杭州：钱塘诗社，1993：70.

可不警醒焉。

朱仰庭亦有孝名。朱访廷的家谱中提到“祖母享年八十四，患中风偏枯，卧床四年而逝”，宋鞠舫所作朱仰庭小传中说：“母逾八秩，病偏枯三载，先生亲奉汤药，三年如一日。”[①]两处说法是相近的。俗言道：“久病床前无孝子。”伺奉长老，为德之本，口中说易，遵行则难。一举之孝，不是真孝，能从一而终，恭敬不失，不仅是对一个人品格信念的考验，也是对其体能的考验，非有大信念、真品德者不能致之。朱仰庭三年如一日，亲奉不辍，足证其贤。孔子在《论语·学而》中曰：“弟子入则孝，出则弟，谨而信，泛爱众，而亲仁，行有余力，则以学文。”百善孝为先，孝为德之本，孝心也是朱仰庭医德成就的重要基石。

朱仰庭晚年爱菊，颇有雅韵。菊傲霜而绽，为花中君子，晋陶渊明独爱之，以合其超然物外，恬淡自适，不随波逐流，不为俗物所累之心。朱仰庭性刚直，别无他好唯嗜酒，大类陶潜，故宋鞠舫谓之“有渊明之遗风”。

从有限的材料里，我们似乎看到了一个这样的朱仰庭，既有儒家之礼教，又有道家之洒脱，师从名家，独具己见，颇有声名，而无恒产。宋鞠舫赞之曰：“孝于亲，儒家之训，识病真，方技之珍，宜其德报津津，以裕其后昆。”[①] 这样的父亲，对朱古亭成长过程中的影响是潜在而深远的。

第二节　父子相授受

朱古亭先生的医术来源于其父朱仰庭殆无疑义。生长在医学家庭，日夕熏染，潜移默化，这可能就是朱古亭和弟弟朱访廷最早的医学启蒙教育。

据朱古亭先生后人及学生讲述，先生性沉静，平素话语不多，很少对人谈及学医始末。朱仰庭既承王梦兰、程幼泉之学，擅长妇科及感证的诊疗，朱古亭医术承家学，必在这两个领域有所传承。这种传承线索，在朱古亭留下的一些材料中可以窥见一二。

一、外感病临床经验的传承

1992年《吉林中医药》杂志刊登了朱古亭先生的一篇文章——《医话五则》，文中讲述了自己的一些学术见解，其中一则涉及朱仰庭为他治病一事，可视为医术上父子相授受的证据。

① 周明道. 观沧楼随笔[M]. 杭州：钱塘诗社，1993：71.

外感风寒，邪伏腠理皮肤，当用麻黄汤、桂枝汤、九味羌活汤解表发汗。若伏经络、阳气郁遏不达，则解表药不效，应用柴胡桂枝干姜汤宣通阳气，营卫通利，邪得外解自愈。

余青年时，初冬患感，常凛然而寒，手指冷，无发热头痛，但遍身酸楚而已，服解表药酸楚减轻，而凛寒肢酸如故。先父诊为邪伏经络，拟柴胡桂枝干姜汤一剂，凛寒即解，全身发现散在性丘疹，形如水痘，无其他不适感，胃纳亦正常。因思仲景在柴胡桂枝干姜汤方后云："初服微烦，复服汗出便愈。"又服1剂告安。柴胡桂枝干姜汤原治少阳兼水饮内停证，余受先父启迪，用治外感风寒、邪伏经络之证多获效，至于服药后出丘疹，实为少见[①]。

此则医话所讨论的是一个太阳病的变证，当属临床常见病症。人伤于寒，则病为热，发热，头痛，身疼腰痛，骨节疼痛，恶风，无汗而喘，此病属伤寒之太阳病，仲景论治最详。此时邪在肌表腠理，人体阳气抗之于外，正邪交争故见前诸症。此为病在阳，当顺应人体正气抗邪的趋势，因势利导，治之以阳法，发汗祛邪即愈。

自温病学说兴盛以来，虽温热病的救治水平得到广泛提升，但同时给医理不明之人带来了新的疑惑，临床上寒热不分，一见咽痛红肿等症，一概认为温病，殊不知寒邪客表，腠理闭塞，也会导致内生蓄热，此热不可以苦寒之药清除，只需发其腠理，疏达气机，热有外出之路，咽痛化脓不治自愈。这种错误张仲景也有警戒——"病发于阳，而反下之，热入因作结胸"（《伤寒论·辨太阳病脉证并治》）。阳病未用阳法治，反行阴法，治之失法，导致邪气内陷，发为结胸，由太阳表病，变成了太阳里证。

现实中这类情况十分常见，很多呼吸系统的慢性疾患，都属于太阳变证。例如，很多患者的鼻炎、鼻窦炎、哮喘、慢性咳嗽、过敏、皮疹风团等，都是一次感冒的遗留迁延而来。其原因多是误用苦寒，戕伐人体正气，正邪相争的局势转变内渐，导致本来典型的太阳病，变成了坏证，本来的急性病，变成了慢性病。其理本明，人多不察耳。

太阳病内陷，会成为结胸病，也会成为少阳病、阳明病，甚至内陷入阴分，成为三阴病。各个层次的疾病，张仲景均明确讲述了治法，以六经为纲，条分缕析，遍达周至，故成医圣之名。

但有一些太阳变证，张仲景以一句"观其脉证，知犯何逆，随证治之"（《伤寒论·辨太阳病脉证并治》）一笔带过，虽未明白立方，其法已经暗

① 朱古亭. 医话五则[J]. 吉林中医药，1992（2）：7-8.

陈，需读者于无字句处体悟。其实，太阳变证千变万化，数不胜数，或变为头痛，或变为肢麻，或胸闷心痛，或呼吸哽促，或恶风，或汗出偏沮……这是由于人体质有别，正气疏密不一，气疏之处即是邪气容留之所，所以此病症变化多端。

朱古亭青年时，某初冬时节患此太阳变证——“常凛然而寒，手指冷，无发热头痛，但遍身酸楚而已”[①]。恶寒而不发热，身楚而不身痛，病位仍在太阳，但情况亦非典型的太阳伤寒；“服解表药酸楚减轻，而凛寒肢酸如故”[①]，服解表药略有效果，但终不能痊愈。显然变证已不能循常法论治。

这时古亭先生的父亲为其诊治：“先父诊为邪伏经络，拟柴胡桂枝干姜汤一剂，凛寒即解，全身发现散在性丘疹，形如水痘，无其他不适感，胃纳亦正常。”[①]

服一剂，已见大效，其后再进一剂而愈。

柴胡桂枝干姜汤本治之证如下：“伤寒五六日，已发汗而复下之，胸胁满微结，小便不利，渴而不呕，但头汗出，往来寒热，心烦者，此为未解也，柴胡桂枝干姜汤主之。”（《伤寒论·辨太阳病脉证并治》）。

伤寒五六日，经汗下治疗，正气已衰，邪气未去而内陷，由太阳之表陷入少阳胸膈之地，若正气稍旺，则是小柴胡汤证，可惜病经五六日，复经汗下，正气亏虚，邪郁少阳，蓄热微生。邪在少阳，阻于胸膈，半在表，半在里，正气稍胜则上扰胸中而为心烦，邪气稍胜则下迫胃腑而生呕逆口渴（此证渴而不呕，犯阳明少阳故也）；邪气胜则寒，正气胜则热，正邪交争故寒热往来；枢机不利，水道不通，亦见小便不利；身汗出为表气和，此虽有汗而但在头，阳分邪气仍未尽也。

《伤寒论·辨太阳病脉证并治》记载此方构成如下：

柴胡半斤　桂枝（去皮）三两　干姜二两　瓜蒌根四两

黄芩三两　牡蛎（熬）二两　甘草（炙）二两

方中柴胡为君，为少阳病主药，主舒达胸膈，透邪外出；邪至少阳，必兼内虚，此刻为少阳之气不足，少阳为春升之气，故用桂枝、干姜两味辛味药补之，《素问·脏气法时论》说“肝欲散，急食辛以散之，用辛补之，酸泻之”，桂枝、干姜也是《辅行诀脏腑用药法要》中小补肝汤的两味主药；黄芩清除内蕴之热，与小柴胡汤同法；牡蛎煅之，性属纯阳，补胸中之气；瓜蒌根即天花粉，别名“瑞雪”，清热生津，用之四两，使桂枝、干姜升阳气而不生燥热，兼除阳明微热；一味炙甘草，补气奠中，为诸药后盾。

---

①朱古亭. 医话五则[J]. 吉林中医药，1992（2）：7-8.

所以，柴胡桂枝干姜汤本治少阳病，邪气干于太阳、阳明，所以称之为三阳合病亦无大过。

朱仰庭灵活运用，用之于“（邪）伏经络、阳气郁遏不达”“解表药不效”的情况，旨在“宣通阳气，营卫通利，邪得外解自愈”。这是十分有创意的运用，用治少阳兼太阳、阳明之法于太阳坏病，十分融洽。朱仰庭的这种经验是否来自善治感症的老师王梦兰不得而知，但从中可以看出，朱仰庭对六经变证认识深刻，运用灵活，有独到之处。朱仰庭将类似的经验一一传授于二子，也是应有的事情。

《医话五则》见刊时是1992年，是朱古亭先生暮年之作，所记之事，却是青年之时，粗算一下，相隔了超过五十年的光景。可见父亲的启迪，朱古亭先生铭记一生。这可能是朱古亭父子之间，医学授受的一个绝佳缩影。由此我们可以想见，朱古亭先生从父亲处蒙受熏陶，点点滴滴积攒医术的学医过程。

二、妇科病临床经验的传承

朱古亭与其弟朱访廷合撰的《朱仰庭先生学术经验简介》中，我们可以清晰地看到朱古亭对其父朱仰庭医学经验的传承及诠释。该文分为三个部分介绍，即“肝气病的广泛性”“崩漏的治疗经验”“产后的几点见解”。这三部分朱仰庭皆纳入妇科病的范畴加以研究。可见，朱古亭传承朱仰庭医学思想和临床经验的精髓在于妇科病的诊疗。

第一，朱古亭继承了朱仰庭治妇科病重疏肝的经验。朱仰庭精于妇科，他研究肝气病主要是因为“肝气病范围广，变化多，病情复杂，为妇科临床上常见的证候”[①]。朱古亭指出：“先君认为肝肾同源，相互滋养，肝主疏泄，肾主闭藏，肝之疏泄条达，全赖于肾阴之滋养，肾阴必须依赖肝之疏泄而藏于肾。肝能调节全身血量，脏腑经络，四肢百骸皆赖血养，又能调节气机，使气血和顺，精力充沛，情绪和畅。所以肝气以条达舒畅为顺。若太过不及，均可导致病理性的肝气，产生各种不同证候。”[①]朱古亭征引了朱丹溪、赵羽皇、张石顽的相关学说，佐证其父朱仰庭的上述观点，并指出：“赵氏反映了肝郁化火影响到消化运动等，张氏反映了气血津液，影响到精神情志等病变。《金匮要略》中有‘妇人咽中如有炙脔’和‘脏躁喜悲伤欲哭，数欠伸’之文，亦属肝郁范畴。”[①]

朱仰庭对妇科病与肝病症状的关系，有精当的研究。对此，朱古亭总结

① 朱古亭，朱访廷. 朱仰庭先生学术经验简介[J]. 浙江中医杂志，1988（11）：481-482.

指出："月经期反映出较多的肝病症状，因为肝藏血，冲脉与肝脉相连，冲脉主月经，又称'血海'，肝血充盈、疏泄功能正常，则冲脉亦调，月经自无异常病变。若疏泄失司，肝气郁结，影响冲脉失调，月经前后往往出现各种肝病症状，临床上屡见不鲜。"①故而，对于月经前后的各种肝病症状，应予以不同的方法治疗，朱古亭总结朱仰庭的治疗经验："月经前期乳房胀痛，经后则消失，由肝气郁结，肝络失畅，宜逍遥散加香附、橘叶、丝瓜络、路路通等疏肝通络。经前或经期中，头痛呕吐泛酸，是肝气上逆，胃失和降，宜左金丸加旋覆、代赭、竹茹、半夏、白芍等和胃降逆。经来前后，腹痛便溏，乃肝木乘脾，脾不健运，宜痛泻要方加木香、砂仁、益智仁等助脾之健运，抑肝之横逆。经期前后全身痠痛，手指拘挛，乃血不养肝，筋脉失濡，宜四物汤加木瓜、鸡血藤、桑寄生等养血舒筋。或月经前后头病眩晕，失眠多梦，乃心肝失养，风阳上扰，宜补心丹合杞菊地黄等养心平肝。或经期腹痛，血来成块，宜四物汤合失笑散加延胡、香附、橘核等活血化瘀，理气止痛。"①

朱古亭在临床治疗月经不调时，传承其父的经验，尤其重视疏肝。1993年《浙江中医学院学报》第三期刊载了夏瑢撰写的《朱古亭教授诊治妇科病经验举隅》一文，文中总结朱古亭先生治疗妇科常见疾病的数则经验和验案，可以归纳为"月经不调，疏肝补肾""崩漏摄血，注重益气""治疗痛经，善用经方""闭经分类，审因论治""绝经前后，滋水涵木""带下绵绵，屡投腥臭"。夏瑢总结朱古亭治疗月经不调的经验："朱教授以'治肝肾即调冲任'为原则，治疗月经不调，常以调肝补肾二法参用。调肝法以疏肝为主，并根据肝阴易亏，肝阳易亢的特点，酌加养肝柔肝之品，以防辛香走窜劫伤阴津。"②

第二，朱仰庭对崩漏的治疗经验亦被朱古亭传承。血崩，形容量多如冲，来势猛急，《诸病源候论》云："崩中之状，是损伤冲任之脉。冲任两脉，皆起于胞中，为经脉之海，劳伤过度，冲任气虚，不能约制经血，故忽然崩下，谓之崩中。"或淋漓不绝，谓之漏下。朱古亭总结其父的相关临床经验指出："然崩漏之病因多端，除凭血量、血色、血之凝散为依据外，须结合四诊进行探索。治法血多不止，当先止血以塞其流，否则深恐阴脱于下，阳越于上，有气随血脱之危"①，又说："先君治疗血崩，以养血止血为先，故阿胶、龟板、当归、白芍、地黄、旱莲草，以及蒲黄、侧柏、陈棕

---

① 朱古亭，朱访廷. 朱仰庭先生学术经验简介[J]. 浙江中医杂志，1988（11）：481-482.

② 夏瑢. 朱古亭教授诊治妇科病经验举隅[J]. 浙江中医学院学报，1993（3）：24-25.

诸炭为常用之品"[①]。

正因为崩漏的病因多端，故朱仰庭在治疗时，区分症状，辨证施治。朱古亭将朱仰庭治疗崩漏的经验分为以下数种类型，一一予以阐发。

其一，"如遇阴阳两虚，有脱绝之危者，急以养血止血外，加别直参6～9克，炙黄芪15克，山萸肉9克，炮姜4.5克，以补虚救脱。"[①]

朱古亭介绍了其父的一则医案：曾治方姓妇，30余岁，患崩血下如注，面唇皖白，倦怠乏力，肢末欠温，脉象微细，不任寻按，头晕不能起，已呈虚脱之象。除即予大剂养血止血药外，先用别直参9克，炙黄芪15克，浓煎顿服，傍晚进药，至夜半时分，脉搏渐起，精神稍振，下血亦随之减少，继以养血健中、调养半月而安。

他总结说："血脱益气，乃古人成法。盖气与血相互依存，血为气母，气为血帅，气能摄血，血犹水也，气犹堤也，堤坚则水不横流，气固则血不妄行。人参补气血，尤为要药。先君认为崩血不止，尤须预防虚脱，非大剂人参不为功。"[①]

宋鞠舫的《朱仰庭先生传》中特别记载了朱仰庭治疗崩漏的主张，这与夏瑢《朱古亭教授诊治妇科病经验举隅》一文的观点如出一辙。

《诸病源候论》曰："崩中之状，是损伤冲任之脉……劳伤过度，冲任气虚，不能约制经血。"朱教授宗其意，提出治崩首当补气摄血为要，推重人参一味，亦所谓"初用止血以塞其流"之意。若崩漏日久不止，是有瘀血阻于冲任，致新血不得归经，当以理气活血，瘀祛而血自归经。但此证多因气血二亏，虽有瘀阻，但也不宜重用活血之品，用之反伤新血，恐成崩中之患[②]。

朱古亭大类其父，强调益气摄血治疗崩漏，即便有瘀血内阻，活血之药也当慎用，缘于气血双亏，弱体不耐荡涤故也。

《朱古亭教授诊治妇科病经验举隅》特举一例，患者是一位46岁女性，患崩漏6日，出现头晕少寐，神疲乏力，面色皖白之症，朱古亭投以代表性的益气摄血方：吉林参须9克（煎代茶），西党参12克，炙黄芪12克，炒白术9克，炒白芍8克，炒当归12克，蒲黄炭9克，藕节炭9克，广木香9克，炒枣仁9克，桑寄生12克。三剂。

朱古亭以人参、党参、黄芪三者补气，采撷归脾汤法融为一方，三剂血

① 朱古亭，朱访廷. 朱仰庭先生学术经验简介[J]. 浙江中医杂志，1988（11）：481-482.

② 夏瑢. 朱古亭教授诊治妇科病经验举隅[J]. 浙江中医学院学报，1993（3）：24-25.

止。其治法在传承其父的经验的基础上又有所发展。

其二，“如血热而见脉数，血色鲜红，有热象者，加丹皮、山栀、黄芩、白薇、贯众炭等，清热凉血止崩。先君在一般养血止血药中，每多加用黄芩一味，取其能坚阴凉血也。”①

其三，“如虚寒而脉细苔白，血色淡黯不鲜者，加炮姜、艾绒、鹿角胶、吴茱萸等以温和之。”①

其四，“如气血劳伤，而见神怠体倦，脉虚苔白，血淡不鲜者，加人参、黄芪、白术、甘草，升麻、艾绒炭等补益气血。”①

其五，“如血瘀，血来有块，小腹滞胀阵痛，乃冲任失调，血脉瘀阻，加益母草、丹参、延胡、香附、制大黄炭、参三七、震灵丹等活血化瘀，理气止痛。”①

朱古亭介绍了其父的一则医案：曾治周姓妇，年近40岁。第2胎。产后已2个月，仍见血下淋漓腹胀，隐隐阵痛，血来成小块，服养血止血药不应，遂改用活血化瘀，用益母草、丹参、延胡、香附、当归、赤芍、川芎、地黄等，剂量甚轻，服数剂后血渐止，腹中遂感舒和。

他总结说：“此乃产后残瘀未净，所谓瘀血不去，新血不生，因迁延时日已久，故不用桃、红重剂，而用轻剂以调之。若用重剂，又恐成崩中之患。”①

其六，“如暴怒伤肝而致肝不藏血者，加青皮、香附、佛手柑等，以疏肝理气。如怒甚气逆者，以苏合香丸灌之，宣达气机，则上逆之气自降。”①

其七，“如肝肾两虚，八脉亏按而见腰痛重坠，经漏色淡如水，微寒微热，腹中气逆不舒者，加熟地、苁蓉、枸杞子、杜仲、鹿角胶、龟板、紫石英、鳖甲、海螵蛸等血肉有情之品，补肝肾而益奇经。”①对此，朱古亭进一步阐释说：“肝肾不足，则奇经亦亏损，由于奇经八脉隶属于肝肾，故调理奇经之药，均是补益肝肾之品，肝肾得养，则奇经受益。以上诸药滋肝益肾，如苁蓉、鹿角之温煦肾阳，龟板、鳖甲之补肝肾之阴，枸杞子、熟地之补精血，紫石英之镇冲逆等。叶天士善治奇经病，善用奇经药，以为鹿角入督，龟板走任，紫石英补冲等，是为有识之见，临床用之多获良效。”①

第三，朱古亭继承了朱仰庭治疗产后诸证的经验。朱古亭指出：“先君认为产后当辨虚实，随宜而治。”他举朱丹溪、傅青主、《医宗金鉴》、

---

① 朱古亭，朱访廷. 朱仰庭先生学术经验简介[J]. 浙江中医杂志，1988（11）：481-482.

张景岳对于产后治疗的观点，总结朱仰庭的经验："朱、傅两家主张宜补，《金鉴》、景岳主张随宜施治。因人之所禀不同，而有差异，故不可一概而论。如大热大实，虽白虎、承气，亦不禁用，大虚大寒，则姜、附、四逆，在所必需。要详审病情，宜温宜凉，宜补宜清，务得其宜。不能固守成法，灵活运用。要不拘于产后，不离于产后。"①

朱古亭介绍了其父的一则医案：治钱氏妇，年20余，初产。娩后第2天即觉头痛，畏寒发热，一医认为产后中风，用柴胡、羌、防等辛温解表药，热益炽，汗出而热不衰，苔黄，口渴，神烦尿赤，恶瘀自下，腹不痛胀，病邪犹在阳明气分，与血分无干。为拟生石膏15克，知母、连翘、银花、甘菊各9克，益元散、天花粉各12克，鲜芦根1尺。2剂热退神安，能啜稀粥2碗，继以清养之剂而安。

他总结说："纯用辛凉重剂取效，不杂一味补药。足见宜温宜凉、宜补宜泻，总需根据病情而定，决不能一补了事也。"①

对一种治法的坚守，源于朱仰庭对该病的深刻体会。朱古亭对父亲学术的继承于此有所体现。

我们在采访朱古亭后人的过程中，专门寻访了朱古亭先生曾经治疗过的患者，非常巧合地遇到了一位朱古亭先生当年治愈的不孕症患者，此患者对当时的治疗过程的记忆已经斑驳，但是她清晰地记得自己屡次投医未能得效，最后在朱古亭先生处服药数月而顺利怀孕的结果。她说，当时专门到朱先生家里求诊，先生诊疗十分仔细，把脉时间足有十分钟，随后疏方，最后疗效十分满意。

三、医德的传承

朱古亭的品格修养也受其父影响，有良好的家风。朱访廷所撰的家谱中写道："先考祖蕃公号仰庭，先妣周惠珍，生我兄弟姐妹四人，家无恒产，业医为生，性爽直，乐善好施，敬惜字纸，珍惜五谷，商挑贸易，毋占便宜，贫病不计锱铢。"据朱古亭先生后人讲述，先生谦逊有礼，平素常有患者来家中求诊，每逢患者至，不论富贵贫贱、长幼妍媸，朱先生必先奉茶，而后叙诊，诊毕必送至门外，有远道而来的患者，必留其用饭方许归，所以患者对朱先生也恭敬有加，赞赏不绝。

特别值得一提的是，朱仰庭晚年爱菊之雅韵，在朱古亭这里转变成了翰

① 朱古亭，朱访廷. 朱仰庭先生学术经验简介[J]. 浙江中医杂志，1988（11）：481-482.

墨情怀。古亭先生工于书法，是中国书法家协会会员，曾在家乡湖州办个人书法展，西泠印社也曾为他举办个人书展，声动一时。朱古亭与当代书法大家沙孟海交善，沙孟海曾题词赞其书法曰：“朱古亭先生笔翰继承松雪、香光、渊静一路，老成清逸，今时罕见，司空表圣云：落花无言，人淡如菊，脱巾独步，时闻鸟声，书境似之。”人如其字，字如其人，淡雅如菊，可能是沙孟海眼中的古亭先生的独特气质，这与朱仰庭爱菊之间，似乎也存在着隐隐约约的联系，医术可以传承，审美也会浸染，从父亲那里的继承似乎是无所不至的。

一个人医术的养成和提高，不可能完全师法于一人，就像叶天士师从十七位老师一样，朱古亭的医术也不可能只从父亲处学习和继承，其实在一个中医世家中，真正值得传承的不是一个秘方、一种治法，而是一种学医的进阶方法，亦即读书之法。经书俱在，古贤的智慧凝固其中，以古人为师，以患者为师，以自己为师，以天地万象为师，是每一个大医成长路上最有营养的资粮。

学医的历程是漫长的，我们没办法追踪前人挑灯夜读的每一个夜晚，没办法体察前人所经历的一个个冬去春来，但在文献的字里行间，能感受到他们遗留的温度和气息。

“嘉荫草堂”之名，创于朱鹅泉，传承于朱仰庭，光大于朱古亭，沙孟海亲题的“嘉荫草堂”匾额，今日仍高悬于朱氏后人的家中。希望嘉荫草堂的美誉能够代代承传，造福人类健康。

第三章

声名鹊起

第一节　长兴扬美名

朱古亭幼承庭训，随父侍诊，及长悬壶长兴，传承祖业，尤精于治疗感症和妇科诸证，加之继承其父的医德仁心，扶危救困，与人为善，因而在长兴迅速医名鹊起。

朱老在长兴行医时，中国那时乡村环境条件都比较差，如果家里有人生了病，都是想着忍一忍就过去了，等到没办法请医生来看的时候，一般情况都已比较严重。如果是冬天还好，但如果是夏天，一方面天气炎热，病人如果有伤口，或是一些不能行动的病人便溺都在床上解决，气味难以忍受；另一方面夏季农村蚊子多，大多在床上挂着蚊帐，更加造成空气的不流通，医生若是猝不及防下拉开蚊帐，气味难闻。朱老就是在如此恶劣的条件下行医的。

那时农村交通不便，出诊基本靠步行。朱老出诊，有时赶得匆忙，来不及吃饭，怕病人着急，就在路边摘点桑椹充饥。朱老从不吃乡邻的饭食，哪怕正撞上人家吃饭的当口。有一次朱老应病人要求去离村口几里外的橡树村出诊，时值深秋，傍晚出门，一直忙到深夜返家。在返回的路上，由于乡村田野广袤，桑树林遍布，河网纵横交叉，又适逢那天大雾，为了找寻那座回家必经的小桥，朱老走在阡陌纵横的田埂上，绕来绕去，途中跌入了农人开挖的泥塘中，扭伤了左腿的筋骨，费了大劲才跌跌撞撞地赶回家，从此落下了腿疾，走路就有点儿跛脚。

病人若来朱老家里看病，他必定奉茶，与病人亲切说话，缓和病人急切、焦躁的情绪，又问诊出需要的信息。问诊时朱老总是面带微笑，态度可亲，他衣着朴素整洁，简单中又不失庄重。由于他讲话睿智幽默，善于调动病人的快乐情绪，诊室里常常传出病人的笑声。每位来向朱老求诊的病人都可以收到两张处方，一张是服药的药方，一张是朱老给出的“心理处方”。病人不仅得到了可以治愈疾病的药物，更从朱老这里得到了战胜疾病的信心。也是因为这样才会有许多病人远道而来，向朱老求医问药。

有些医生看病，就和医圣张仲景描述的一样“按寸不及尺，握手不及足”（《伤寒论》），随意摸脉，疏于问症，轻率处方。朱老不一样，他诊疗的风格就和他为人一样，平和而仔细。朱老对脉诊格外认真，往往要超过五分钟，绝不草率对待。朱老用药更是中正平和，除非病症需要，否则绝不出奇，绝不为卖弄水平而使用偏门药物。他处方案首必定提示病因病机，令病人明白病症所在。

对于来求诊的病人，朱老不收诊金，有些远道而来的病人，回去不便，朱老还请他们在家吃饭。朱老书房的灯，常常是亮到深夜。对于那些病情复杂，或是有所变化的病案，他总是细细推详，或翻阅书籍，或查证资料，力求病人复诊时，成竹在胸，尽量减轻病人的焦虑，缓解病人的病情。

朱老拥有的不仅仅是高超的医术，更有一颗医者仁心，他不追名逐利，看重的是实际疗效，是如何解决病人的痛苦，因此受到了病人的爱戴。他对病人一视同仁的态度，更让病人倍感亲切，朱老的处方字迹端正，简洁明了，病人一目了然，自然对朱老更有信心，也有益疾病的康复。一件件不寻常的小事展现了一位仁心仁德的医者形象，如此的一位医者，受到乡邻的一致好评实在是理所应当的。

“在长兴，没有一个人说他不好。”朱老的儿子朱楚文说。

长兴县有一位五保户老人，常年穿着破破烂烂的裤子和衣服，叼着一个破旧的老烟斗，衣服由于长久不清洗散发着难闻的味道，再混合烟味，令人只想远远躲避。他来朱老家里，朱老从不嫌弃他，就像对待其他人一样，秉持相同的礼节，叫他落座，并亲自给他递烟，还让夫人给他端茶。朱楚文感叹地说，他一开始也是厌恶这个邋遢老头儿的，但是看到自己的父母对他如同其他人一般无二，就渐渐改变了自己的看法，也有些惭愧。朱老常说：“不要看不起老实人，做人要实诚，为人要坦诚。”

当问及朱老是否留下什么家训，否定的回答令笔者出乎意料，朱楚文解释道：“我的父亲是一个沉默寡言的人，他的言传身教就教会我们了。”是啊，如此长者之风，潜移默化下家风就自然而然形成了。

1951年朱老组织建立了长兴洪桥中医联合诊所，并担任所长，他放弃了个人开业的收益，为了家乡中医事业的发展，人民的健康，将临床经验分享给其他医生，深受人们欢迎。朱老此举并非追求名声，而是朴实而无私的分享，希望更多的人因此受益。朱老1958年来到浙江中医学院学习，毕业后留校任教，依然秉持着这样的为人，这正是他得到病人欢迎、学生喜爱的重要原因之一。

第二节 杭州结硕果

来到杭州浙江中医学院进修时，朱老已经46岁，虽然这已经不是学习的黄金年龄了，但笔者听朱楚文说："我父亲去杭州的时候，我才刚刚懂事，但是，学校传来的都是他学习成绩很好的消息。"朱老有着一种终生学习的态度，想来正是因此他才能获得优异的成绩，并在学习两年后留校任教。笔者有幸在湖州市嘉荫草堂的陈列柜里，见到了朱老教学使用的《教学门诊医案选》。该医案选编纂于1975年，内容目录包括内科与妇科，其中还有涉及皮肤疮疡的治疗。每个医案短小精炼，用药简单，遵循了朱老一贯理论联系实际的原则，帮助学员在实践中巩固、提高中医临床水平。

1979年，董襄国成为了朱老的第一名研究生。在短短一年内，朱老指导研究生撰写的论文就有多篇在浙江省中青年论文评比中获得奖项。朱老被评为正教授职称的过程还有些波折，浙江中医学院首次评教授职称时，朱老评上的是主任医师职称，但医学界许多医家认为朱老医术高超，教学同样出色，理应评上正教授职称。《道德经》言："为天下溪，常德不离。"朱老的成就有目共睹，受到大家的一致认可。果然不久后政府又下发文件，将朱老与另外几位先生共五人评为正教授职称，朱老是当时极为少有的教授与主任医师双职称并有的医生。

1979年以后，朱老带教了三名研究生，指导研究生撰写的论文多次发表，或在省级比赛中获奖，其中有一篇题为《阴阳熵的假设及其应用》的论文在1988年6月被选送参加国际生物教学学术会交流。朱老本人更是发表了为数甚多的学术论文，这些学术成果贴近临床，切合实际，是他临床经验的总结。朱老的多篇论文被一些重要的中医学著作收录，在学界产生了广泛的影响。赵云峰拜访朱老后，撰文《书艺兼善朱古亭》，其中描述到："我从朱老家的案上医籍中随意翻阅，看到《中医疑难病证分析》《名医特色经验精华》《当代名医临证精华》等书中，都刊有他的论文。”①

浙江中医学院曾经并入过浙江医科大学，划出前，学校设立有“中医系”，朱老在1970年至1973年担任中医教研室主任。与现在的中医基础理论教研室不同，当时的中医教研室囊括了诸多学科，不仅包括传统意义上的中医基础理论，还包括中医诊断学、中药学、方剂学等。朱老为人稳重，又擅长教学，浙江医科大学的校长对朱老甚为推崇，自然付以重任，整个中医教研室在朱老的主持下有条不紊地开展工作。

在浙江中医学院授课时，朱老上课必定穿着整齐，虽不苟言笑，却也不让人觉得严肃紧张。朱老讲课不徐不疾，从不以出奇的观点或猎奇的故事来博学生眼球，而是平实地讲述自己掌握的医理知识和临床经验，真正地传道授业解惑。

竹剑平在浙江中医学院读本科时，朱老正是他的授课老师。竹剑平称朱老当时在学校里极受学生欢迎。朱老性格和善，对待学生亲切和蔼，许多学生都希望能够向朱老学习医术。对于学生提出的请求，无论是请教、跟诊或是抄方，朱老都不会拒绝。这样的一位老师，竹剑平自然也是心向往之，于是本科期间就跟随朱老坐诊，毕业后在浙江中医药研究院工作了一段时间后，仍旧回母校考取了朱老的研究生。

弟子们回忆起朱老，都感叹他是一位和善而又谦虚的人。董襄国说：“朱老一生坦坦荡荡，为人称道。对学生，他从不居高临下，传道授业，平实有据；对病人，他来者不拒，一视同仁，尽心诊疗。朱老从不向组织伸手，一生都在为国家的中医事业奋斗，他的这种工作生活状态，我们是司空见惯的。朱老在我心中无疑是很崇高的。”

弟子沈浪泳说：“朱老最大的特点是待人忠厚宽容。他对别人的要求，有求必应。有求必应，是他的特点。不论是看病还是写字。”

傅伟富跟随朱老习医抄方十多年，从没有看他发过一次脾气。可见，朱老的平和、仁善是刻在骨子里的。

竹剑平对此也深有体会，他回忆读研究生时，朱老已经年过七旬，不再担任学校里的教学工作。有一段时间，竹剑平每天中午都要到朱老家里吃饭，就像回自己家一样，朱老和朱师母也待他如同家人，开饭前桌子上一定会为他准备一副碗筷，甚至有时候下课晚了，他不到，朱老都不开饭。

“这样的师徒感情只有以前才有了，现在根本看不到了。像朱老这么好

①赵云峰. 笔耕拾零：第4集[M]. 北京：中国文联出版社，2012：25.

的老师，真的太难得了！”竹剑平感叹说。

作为朱老带教的最后一个研究生，竹剑平印象深刻的不仅是朱老的医术，更是朱老的为人。他唏嘘道：“朱老师病倒以后，对我说‘小竹啊，我没有教你什么东西。’我说不是的，您教了我做人的道理，这就够我学一辈子了。这么多年以来，我都试着学朱老师那样待人接物，但是我做不到他那个样子，我心急起来还是要发脾气，但他是真的从来不发脾气的。”朱楚文也说自己的父亲被人称为“佛人”，朱老的脾气温和、待人和善由此可见一斑。

朱老承传父业，擅长治疗不孕不育症。在长兴，笔者采访到朱老治疗过的病患卫某。当年，她结婚后两年没有怀孕，于是四处求医，去了许多大医院仍然没有确切的解决办法，有的医院提出可能需要手术，但当时人们普遍对手术有着恐惧感，令她十分困扰。适逢浙江中医学院假期，朱老回家休假。说是休假，其实也是在家坐诊，即使是假期也有许多病人慕名而来，其中不乏外地病人。恰逢其会，卫某遂上门请求朱老诊治。朱老细细问诊、把脉后，为她开了药，嘱咐她坚持服药才有效果。假期结束后，朱老仍旧回返杭州工作。这位病患吃了整整三个月的中药，其间朱老叮嘱可以停一停药，准备备孕。又过了三个月，竟然真的有了身孕，这让她欣喜若狂。回忆起朱老为自己看病的场景，卫某不停地赞叹朱老诊病的认真细致，药效灵验。卫某在得到朱老的诊治后不久就怀孕生下了一个女儿，如今卫某女儿也早已结婚生子。卫某言语间充满着对朱老浓浓的感激。如此事例，应该是数不胜数，只是朱老已辞世多年，许多病人是和朱老同一年代的人，有的早已辞世，有的年事已高，有的外地寻医而来，很难寻觅。

据朱老的弟子傅伟富讲，朱老不仅治疗不孕不育症多有奇效，且还擅长治疗腰腿风湿病等关节疾病。朱老采用一些经典验方加减，嘱咐病人按时煎药服药，同时配以自制的膏药敷贴，临床效果极好。傅先生介绍该种膏药名为“朱氏追风散”，其源自朱老祖父的医案。相传朱老的祖父朱鹅泉先生不仅仅是一名出色的眼科医生，他对治疗风湿关节病也有相当的心得，朱老正是从先祖父的医案中整理研究出了这种外敷膏药，不仅使用方便，且疗效显著，价格低廉。20世纪90年代，傅伟富还与朱老共同研究了两种口腔中成药，朱老当时已是耄耋之年，真是勤勉不倦的真正医者啊！

1983年，朱老被评为浙江省名老中医，当时他刚好年逾古稀。对于许多医者来说，被评为名老中医是一项极大的荣誉，尤其是在这么大的年龄，自然不必再行医了，但朱老不一样，虽然成为了名老中医，可是朱老依然待人亲近，看病仔细，似乎这只是一件微不足道的小事。朱老是一个极为看淡名利的人，他是一个“有求必应”的人。朱老最大的爱好就是写字，且朱老本身就是一个书法家，身为中国书法家协会的会员，他与书法大师沙孟海、陆维钊等书法界名流交好。朱老却很少把时间花在各种交际上，他不愿意“出风头”，更愿意安安静静地给病人看病，业余练练书法。

朱老成为名老中医后，收了沈浪泳为弟子，浙江省卫生厅下发文件批准沈浪泳为朱老的“师带徒”继承人。朱老还擅长治疗各种脾胃病，尤其是胃脘疼痛诸证，不仅有多篇相关文章发表在各类中医杂志上，还指导沈浪泳、王海舜共同研发了诊治胃脘痛经验电脑模拟系统。据沈浪泳介绍，利用这个诊疗系统，只要将胃脘痛的症状输入模拟系统，即能输出朱老对应的方子。这是朱老很重要的一个成果，于1988年通过省级鉴定，并获浙江省老中医学术经验继承优秀奖。

朱老主持研制的诊治胃脘痛经验电脑模拟系统，在业界具有重要的示范意义。1990年，在谈正卿、顾启秀主编的《中医工程学概论》中有一节“中医专家诊疗系统实例”，只介绍了两位专家的诊疗系统，一是北京中医医院教授关幼波诊疗肝病系统，另一个就是朱古亭诊疗胃脘痛系统。据该书介绍，朱老的这套系统可以辅助诊治慢性胃炎、胃溃疡、十二指肠球部溃疡、萎缩性胃炎等以胃脘痛为主要症状的疾病。该系统可供选择的功能有诊疗、规则打印、知识库管理、病历存贮等子系统。在医理设计时，将朱老的临床经验归纳为虚、实两大类，分七个证型，每个证型又相应分若干病机，共65个病机。该系统的推理层次共五层，分症状子集层，综合症状子集层，病机子集层，证型层和结果层。在控制系统的作用下，调用生成规则来沟通各推理层次。朱老的经验被存放在知识库中，知识库由两部分构成：一是诊疗术语库，包括症状名文件，病机语文件和中药名文件。二是将诊疗胃脘痛经验知识经量化和逻辑处理后，归纳成196条用药规则，72条证型和病机规则等。该系统的各类生成规则体现了朱老诊疗胃脘痛的思维、联想、判断和推理过程[①]。另据《浙江省科学技术志》记载：1988年，浙江中医学院研制成“朱古亭教授诊疗胃脘痛电脑模拟系统”，与朱氏处方符合率达98%以上[②]。可见，朱老诊治胃脘痛经验电脑模拟系统，技术手段成熟，忠实地反映了朱

①谈正卿，顾启秀. 中医工程学概论[M]. 上海：上海中医学院出版社，1990：184-185.

②郑永庚，李福民. 浙江省科学技术志[M]. 北京：中华书局，1996：878.

老的临床经验，在中医界产生了较大的影响。

即使已经成名，朱老仍旧潜心学术，名利于朱老而言只是浮云。朱老常对弟子说："要做明医，不做名医。"要做一位明晓医理的名医，是很难的。朱老晚年常说的一句话是："中医我只学了点皮毛。"固然是谦辞，但也反映出中医博大精深，需要用毕生精力去研究。朱老并不追求成为"名医"，他只沉浸于学"医"，而一个"明医"必然是真正的名医。

朱老提出"明医"不但要精通医理，而且要做到"眼善、口善、心善"，即不要以貌取人，要对所有病人一视同仁；不要口出恶言，对病人要多加鼓励安慰；不要锱铢必较，要同情病人的处境。朱老一生谦虚，他的"明"就在于明白医理的广大博深，明白自己所能掌握的医理，再加上平日里践行的"三善"，朱老自然成为了病人心目中真正的名医。

第三节　著书传后世

在古代中国，儒家思想是主流，社会上的读书人受到儒家思想的影响，以"立德、立功、立言"作为自己的人生追求，即使不是考取功名致仕的读书人，也十分看重这"三不朽"，这也正是历史上许多著名医家留下许多医学经典的原因，他们不愿意自己的学说失传，想在医学的发展上留下自己的一笔。朱老出身中医世家，从小更是熟读四书五经，深受儒家文化的影响，他是一位真正的"儒医"。在家风与经典的熏陶下，朱老也一直有着"立言"的想法。

在1992年，朱老委托竹剑平、董襄国、沈浪泳、傅伟富、朱利峰五位医师整理的《朱古亭临证录》出版，这是朱老毕生临床经验的总结。其中包括医论、医话和医案三个部分，其中的医论、医话来自于朱老历年在各类中医学术期刊和书籍中的专论20篇并略加修改。医案部分选择了当时较为完整的临证医案143例，并按照脏腑病证分类，每类按例数进行编次，每例病案前冠以病因病机提要，并附有按语详加补充说明。

《朱古亭临证录》扉页上，有医界与文界几位泰斗的题字。著名书法家沙孟海先生为朱老题"寿人寿世"，国家名老中医何任先生为朱老题"着手成春"，国家级名老中医吴士元先生题"医林宝笺，学海明灯"。著名中医学家潘澄濂为朱老作序称赞："朱君古亭，幼承庭训，家学渊源，既精于医，又善书法，品德高尚，知识广博，执教于浙江中医学院，与余共事已三十余年，交如淡水，素所钦佩。今朱君将其近年的临证医案，经过整理，汇编成册，其编排目次，以脏腑为纲，辨阴阳虚实为目，自成一格。余嘉其医案内容，理法明晰，方药中肯，特别是各案之后附有按语，以说明各药之功能，提示治疗之结果，甚为可贵，诚为良好临床纪实资料，对临床、教学、科研，均有参考价值，故乐为之序。”[①]这些都是极高的评价，是对朱老医术及人品的高度认可。

常说，“医者难自医”，一般医生自己或家人得病，往往会寻求自己相熟的医生治疗，不太会选择自己医治，这是怕疾病发生在自己和亲人身上时，判断不够客观。《朱古亭临证录》中，有着朱老对中风的治疗经验，令人惊讶的是，朱老自己也曾是中风病人。朱老曾在六十几岁时突发中风，是他自己为自己开药，进行调养最后治好的，并且十多年来未见复发。也许正是经此一事，使得朱老更加钻研中风病的治疗，才让我们在《朱古亭临证录》中得见朱老的治疗经验。除此之外，朱老的夫人黄福珍患有多年的哮喘病，也是朱老亲自治好的。据说朱老与夫人正是因为“哮喘”结缘，朱老年轻时从湖州戴山到长兴行医，黄福珍当时正是慕名来求治哮喘病，二人因此相识，之后喜结连理。黄福珍多年的哮喘病，经朱老调治后，再未复发。

《朱古亭临证录》的出版，让朱老十分高兴，虽然第一次刊印的册数不多，但朱老还是极为满意。即使是被评为浙江省名老中医时，朱老也没有像《朱古亭临证录》出版这样高兴。朱老在弟子的口中，是一位很有“古风”的医者，对于深受儒家思想熏陶的朱老来说，能够出版凝结自己毕生心血的这本专著，其中的意义远大于外在的名利。一生追求“医理”的朱老，用这部《朱古亭临证录》阐述了自己对“医理”的理解，这正是朱老的“立言”，是他人生的一大不朽。

在《朱古亭临证录》之前，朱老曾自己编写过一本《嘉荫草堂医案》，用于在浙江中医学院执教时向学生讲述临床经验。而“嘉荫草堂”正是朱老的堂号。我们到湖州长兴采访时，本有意寻找朱老的草堂旧址。然而当向朱老的儿子朱楚文问及时，才得知“嘉荫草堂”并不是一个设立的堂口，而是一种行医的精神理念。朱老在哪里，哪里就是嘉荫草堂。

讲起“嘉荫草堂”这个堂号，其实来源悠久，最早是由朱老的祖父朱鹅泉创立的。鹅泉公世居于湖州戴山，精于眼科，生有三子。鹅泉公晚年将家财分予三子，长子朱祖道经商，无后代；次子朱祖恩早年病废；三子朱仰

① 朱古亭. 朱古亭临证录[M]. 杭州：浙江科学技术出版社，1992.

庭，年最幼，独传其业，并向王、程二位名医请益。朱仰庭育有二子，皆从其业，长子朱古亭感念先辈行医之德，遂沿用“嘉荫草堂”之号，行医四方。

1990年，朱老还专门请书法大师沙孟海亲笔题写“嘉荫草堂”四字，并制成匾额。朱老与沙老的交情十分深厚，两人结识于20世纪60年代，朱老在浙江中医学院执教期间，经同事兼书法家林乾良的介绍，结识了沙老。又与在浙江中医学院讲授医古文课程的书画家陆维钊结识。书法是朱老与沙老、陆老相交的中介；朱老常年为沙老及沙夫人调理身体，为同样懂中医的顾老斟酌药方，他们之间的相处平淡如水，却交情笃深。事实上，朱老不仅医术高超、教学有方，在书法领域也取得了佳绩，获得了美誉。

朱老少年时代，就在父亲的指点下一边习医，一边学书，积累了深厚的功底。朱老中年以后对各家书法广泛涉猎，尤喜赵孟頫、董其昌。沙老评价说：“古亭先生书翰从赵董出，稳练秀润深有功夫。”① 故而常有人说朱老是“书法家中的名医，名医里的书法家”。

1989年，杭州著名作家董炳新拜访过朱老后，特地写了一篇题为《医界书家朱古亭》的散文，刊登于《杭州日报》。董炳新拜访朱老时，朱老已77岁高龄，虽行动不是很方便，却精神焕发，童颜鹤发，还亲自为客人沏茶。董炳新的友人笑说朱老家的门铃太费，已经换过数次了，正是因为上门求诊、求书法的人络绎不绝，而朱老又总是有求必应，自然门客不断，按坏了数个门铃。朱老当时住在浙江中医学院大院内，客堂四壁字画，却不甚大，令来访的董炳新感叹“斯是陋室，惟吾德馨”。朱老这间大小不超过七平米的客堂，兼有书斋、诊室、会客三样功能。堂间悬有“嘉荫草堂”的匾额，一看便是沙老的题字，果真是朱老人在哪里，哪里便是嘉荫草堂。董炳新是因老伴患病，经友人引见，而去询访朱老。他问了病，饮了茶，朱老还一定要送墨宝《晚泛西湖三绝》一卷给他。同去的友人介绍说，朱老是这样的，不论求医求字，有求必应。有时从乡下慕名而来的病家，他还免费管饭呢。如此长者，令人敬仰。董炳新写道：“归来后，我将朱老的《晚泛西湖三绝》端正地挂于室内，愈看愈觉那字里行间处处透露着凛凛的高风亮节，这品德源于我们民族高贵的一面。”②

除了《朱古亭临证录》，朱老还有《朱古亭书古文二篇》于1989年11

① 沈浪泳. 医翰并茂的老学者[J]. 浙江中医学院学报，1989（1）：1-3.

② 董炳新. 医界书家朱古亭[N]. 杭州日报，1989（11）：29.

月在香港出版，也是由沙老题写封面。打开第一页，映入眼帘的是沙老做的序："朱古亭先生笔翰继承松雪、香光渊静一路，老成清逸，今时罕见。司空表圣云：落花无言，人淡如菊，脱巾独步，时闻鸟声。书境似之。"① 熟悉情况的人说，沙孟海先生如此称道一位书法家，还是第一次。一位热心的香港人士给朱老信中说："《朱古亭书古文二篇》已出版，我将在香港邮寄给世界上有名望的图书馆，供世人欣赏，尽学生之力传播中国文化。"②

《朱古亭书古文二篇》中收录了朱老书写的《放鹤亭记》与《前赤壁赋》，皆是苏轼的作品。苏轼不仅是一位杰出的诗词大家，也是当时有名的书画家，而他坎坷的人生经历造就了他丰富多彩的诗词作品，苏轼常寄情于山水之间，《放鹤亭记》与《前赤壁赋》就是他的代表作。朱老也是一个喜爱山水的人，他常泛舟西湖，兴起时提笔写字，这或许是朱老选择书写这两篇文章的原因之一。《论语·雍也》："智者乐水，仁者乐山。"朱老不仅有水的平和淡然，亦有山的朴实稳重，这两篇古文都是朱老书写于乙丑年秋月，当时朱老73岁，"乐山乐水"想来是对朱老最好的诠释。

在朱老的遗物中，有一枚极有特色的印章，是1982年冬天陈军篆刻的，顶端刻"朱古亭"，底端刻"弁山老人"。是年，朱老70岁。朱老祖居于湖州戴山，这弁山又是何处？原来就是朱老迁居长兴后，家门前的一座山。宋叶梦得有诗云："山势如冠弁，相看四面同。"弁山之名，以其山势如冠弁，故名。朱老自称"弁山老人"，概因弁山在其门前，就近取山为名号；而弁又是古时的礼帽，朱老既为儒医，以形似儒冠的弁山为号，名实相符。弁山作为湖州的主山，素有"吴兴富山水，弁为众峰尊"之称。朱老虽然平和谦逊，但他的医德、医术，却如弁山高耸，深入人心，代表着朱老在民间留下的口碑和他所达到的高度。书法家林乾良曾称赞朱老的书法"号称当代赵孟頫体第一"③，这或可为一证。

朱老曾举办过多次个人书法展，在书法界有着极高的声望，他的作品受到许多人的喜爱。可在朱老长兴老家中所挂的书法作品只有寥寥几幅，我们本以为是朱老家人将其余作品收藏了起来，可一问才知道，朱老1989年于湖州铁佛寺办过书法展览，是湖州当地的书法协会专门为朱老组织承办的，展览上有朱老的作品百余件，件件都是朱老倾注心血之作。可展览结束后，朱

① 朱古亭. 朱古亭书古文二篇[M]. 香港：宝宁实业有限公司，1989.

② 赵云峰. 笔耕拾零：第4集[M]. 北京：中国文联出版社，2012：26.

③ 林乾良.中药[M]. 上海：上海科学技术出版社，1997：159.

老竟大方赠予参与展览的众人，百余件作品几乎赠送一空。几十年来，朱老的书法作品越来越珍贵，谈及当年的书法作品赠送，朱老的家人有些赞叹，却无一丝可惜，他们认为这正是朱老的“身后留名”。如此豁达的心态，自然是受到朱老的影响。

朱老特立而不独行，名显而不谋利。逝者已远，可朱老所留下的不仅是书册，不仅是书法，更有他一生的行医理念，不断地勉励中医的后来人，力争成为真正的“明医”。

第四节 家人话朱老

朱老育有两子一女，长子朱久文，次子朱楚文。朱久文育有二子朱利峰、朱国峰，一女朱美烽。朱楚文育有一子朱秉阳，一女朱翠屏。本书编委于2018年10月26日前往长兴县，采访到了朱老的家人。通过他们的回忆，有助于我们了解朱老的风骨。

朱楚文，今年66岁，是一位退休教师。他回忆说：“我的父亲于1995年11月仙逝，离开我们至今已有23个年头，但他那仁慈的音容笑貌一直萦回在我的脑海，久久难以忘怀。父亲的为人、学识我难以望其项背，他永远是我学习的楷模！”朱老在朱楚文童年时已去往浙江中医学院学习，后来留校任教。“每当寒暑假，父亲从杭州回来，我们家又热闹了，来拜访和看病的人进进出出，一下子打破了我们家母子仨平时宁静的生活。”

朱老是长兴的名医，为人谦和，乡邻都爱找他看病。朱楚文说：“在乡邻的口碑中，我父亲为人和气，医术过硬，所以病人特别信任，有些病人等也要等到我父亲回乡了再来特地求诊，有外村的，也有外乡的；有男的，也有女的；有一个两个的，也有三五成群的，家里经常是门庭若市的场景。”朱老放假回老家，总是不断有乡邻闻讯赶来求诊。朱楚文说：“那时候，我们家住房比较小，灶屋里有个灶头，放了个饭桌，父亲就在这张饭桌上给人看病。那时候夏天没有电扇，我母亲很卖力地为病人烧着开水，屋里更加热，我父亲不时地拿着左手边的毛巾擦去额头的汗，紧张而有条不紊地开着药方。”

虽然求诊的病患众多，但朱老治病不收诊金，且对待病患态度和气，在长兴有口皆碑。“父亲一生勤俭、勤奋，与世无争，与人为善，总是愿意付出，不求人家回报或给予，不管是官员还是平民，不管是富人还是穷人，都能一视同仁，从不欺贫抱富。我父母经常说不要看不起老实人，做人要实诚，为人要坦诚，这句话深深地烙在我的心坎里。”

朱老的医技高超，书法大师沙孟海先生称赞朱老“活人无数”。说起朱老的医技，朱楚文回忆说：“在父亲的治病救人过程中，有一件事情给我的印象非常深刻，有一天天刚亮不久，河埠上停了一只小木船，船上放着一只藤榻，有个病人躺在藤榻上面，看上去大概五十岁左右吧，眯着眼睛一副疲倦无力的样子，然后两个年轻人抬着他到了我家，我父亲开始给他治病，向陪同人问他的病情，通过仔细地望闻问切，发现病人眼珠有点黄，皮肤也有点黄，病情比较重，父亲边把脉、写方子，边宽慰病人心里不要急、多吃点药肯定吃得好的。父亲给他开了药方，叮嘱他先吃七帖。过了七天，这个病人来转方，因为路远还是摇船来，这次来病人精神也见好转，心情也比较愉快，父亲见他肚子也好像松了些，眼睛及皮肤的黄色也好像淡了些，又给他开了方，增减了几味药，嘱咐他继续服用，这个病人先后来看了四次，完全恢复了健康，高兴极了。”

据朱楚文介绍，朱老接待病患注重辅以心理安抚。“在接待患者时，不管人多人少，我父亲总是不慌不忙的，一边仔细地询问病人的情况，一边又认真地把着患者的脉，详细地问话，耐心地听，认真地写。有的患者病情比较重一点，心里比较着急，常常会问：我的病吃药吃得好吗？碰到患者问这样的问题，我父亲从来不讲消极的话，总是对患者安慰鼓励，要求患者坚持吃药，不要轻易停药，让患者放松心情，提高患者信心，所以每个来找我父亲看病的人，身体虽然有病，但心情总是愉悦。”

在朱楚文的印象中，朱老开的药方，堪称艺术品。“提起父亲的药方，不得不说起他的书法。先前跟我祖父侍方，都是毛笔小楷写的，这个我不曾见过，我只见他一直用蓝色圆珠笔写方，写方总是垫着复写纸一式两份，写每一个字都是十分认真的，从不含糊，每味药排列有序，错落有致，看到我父亲开的药方，见到药方上的字，像是粘在纸上的颗颗小珍珠，又像是一个个宁波小汤圆，十分的圆润顺滑，毫不夸张，一张张处方就是一幅幅硬笔书法精品！”

朱楚文的哥哥朱久文今年74岁，也是退休教师。兄弟俩由于种种原因，都未跟随朱老习医，在朱老的直系后代中，只有朱久文之子朱利峰习医，他曾受朱老的亲炙。朱利峰说：“我高中毕业18岁去杭城学医，那时爷爷已经退休，每星期去门诊半天。在学校学了半个学期后，爷爷门诊时就带我去。

那时的脾胃病患者和乙肝患者比较多。在爷爷身边时，偶尔碰到问题会问他，他总是耐心解答。遗憾的是，跟着门诊了半个学期，爷爷年纪大了，有了中风的迹象，就暂停门诊了。”

朱利峰为我们描绘了朱老回乡坐诊时的场景：“打我记事起，每逢寒暑假，四邻八乡的乡邻一听闻爷爷放假回家了，凡有头疼脑热的，都会从四面八方赶过来。门诊的队伍从厨房爷爷就诊的桌边，穿过厅屋，拐出，一直延伸到墙门外的弄堂。所谓排队的概念，我们最早始于那个印象。其间，病人赶上早餐的，就一起吃早饭，遇上午餐的，就一起吃午饭。一边的奶奶就不停地烧水，沏茶，送客，忙碌地协助。遇到病患体弱或年岁稍大的，爷爷总是亲自起身送出大门外，嘱咐他们一路慢行，按时吃药。”

在采访中，我们深切地感受到朱老的高尚医德。正如朱楚文所说：“说到我父亲，没有一个人说不好的，都说他再好也没有了，甚至有人说他是佛人！医者仁心，就是需要这样一颗佛的慈悲心！”

朱老的孙女朱翠屏是从复旦大学毕业的高才生，她少年时代和哥哥朱秉阳一起住在杭州朱老家中，在杭州上学。她向我们描述了朱老在杭州家中坐诊的情况。

“我7到11岁期间，母亲带着我和哥哥住在杭州祖父母家，照顾老人的生活起居。当时我祖父腿脚已不便，因此除了出诊、会友，基本都在家中休养，大部分时间他就坐在大书桌边翻阅书籍、提笔写些什么，或与学生谈话、接待慕名而来的病人，也都是在这张书桌旁进行。而我这个小学生，放学到家又想出门去玩时，因为要越过祖父的‘书桌防线’，免不了要鼓起勇气心理斗争一番，大多数时间我亦不忍心打扰他或与病人的问答，所以总是在这道防线前却步、不得出去玩，这个细节是我童年关于祖父书桌的一道深刻记忆。当然，留在家中在他书桌边晃荡，也有很多有趣的事情，比如听来求诊的病人天南地北的方言，和我祖父一口吴兴方言的对话，一对一答竟然异常和谐，又比如我在哥哥不在的时候，能有机会帮助祖父完成磨墨汁、压住纸张等任务（这些原本是我哥哥的特权），以及他偶尔在空闲的时候，祖父会难得地给我的学校小报上按照我的要求写几行字，让我欣喜好几天。”

“祖父家里常年有络绎不绝的病人，祖父对病人不收钱，有时候还会招待病人在家里食宿，奶奶和妈妈都是好客的人，也没有怨言，我也曾经参与过这个工作。当时在暑假，我和母亲回到老家时，有老乡想请我们带到杭州来看病，当时父母都农忙，病人急求，于是我一个小学生当时不到10岁，坐着绿皮火车，带着一字不识的老乡，凭着大人放手的信任和孩子敏锐的方向感，我来回带了好儿回病人从家乡长兴到杭州祖父家中看病，祖父对我和父母的大胆并未责怪，反而以清凉可口的绿豆汤招待，现在回想起来都觉得是一件超级有成就感的事。”

朱老离乡来杭州已有60年，乡人对于朱老的医德医技依然念念不忘。正如朱翠屏所说：“如今我们家在本地，因为祖父的恩泽，还是广受尊敬。”

第四章

高超医术

自古以来，名中医性格或有差异，生平或有不同，但他们都有一个共性，即医术高超。高超的医术是名中医立身的根本。朱老投身于中医事业，毕生打磨医术，全心全意为患者着想，临床经验极为丰富。本章重点分析朱老《朱古亭临证录》记载的医案，以展现他使用中医技术治疗肺病、脾胃病、心肝病、胃病及妇科病的高超医术。

第一节　治疗肺病经验

朱老治疗肺系疾病，多用药清轻，简单平常，且效果颇佳，具有大医风范。其辨证分型细致准确，用心精微。其治法严谨，讲究方证相合，虚者补之、实者泻之、寒者温之、热者清之，随证而治。且朱老用方不拘泥于经方验方，其制方稳重，灵活运用，随症加减。据《朱古亭临证录》，朱老治疗肺病的医案可分为以下十七种证型。

（一）风热犯肺，肺胃津伤证

症见咳嗽，咳痰，痰黄或黏，发热恶寒，发热重恶寒轻，咽干，甚则咽红肿疼痛，口渴欲饮，舌苔薄黄，脉浮数。此因风热犯肺，肺失肃降，故出现上述症状。治宜疏风清热。朱老治疗此证多以辛凉清解为主。

患者李某，女，76岁。初诊：患者为久病咳嗽之体，近日外感，肺胃失清，身热头痛，胸闷痰滞口干燥。舌红边白，脉滑数。朱老认为治宜清降，拟方用：瓜蒌皮9克，桑叶9克，连翘9克，炙紫菀9克，银花9克，炒山栀9克，白菊花6克，浙贝母9克，苏子9克，枇杷叶9克，生甘草3克，服用3剂[①]。

按： 本案所治为风热犯肺、肺胃津伤之证，患者久病咳嗽，肺失肃降，又感风热之邪，郁于肺胃，用桑菊饮加减。桑叶、菊花透肺络之邪、散上焦之热；银花、连翘辛凉解表、疏散风热；瓜蒌皮宽胸清润肺气；紫菀、浙贝母、枇杷叶化痰止咳；苏子降气祛痰；炒山栀清涤肺热；生甘草调和诸药。诸药相合，散风热，使热退身凉，咳嗽得止。患者为痰饮夹燥热之症，故不可用辛燥之品，只宜使用辛凉清润之剂。

（二）湿热余邪，留恋肺胃证

症见咳嗽，发热，肢体困倦，纳少厌食，大便溏泄不爽，舌红苔黄腻，脉濡数。湿热之邪留于肺胃，肺气失宣，胃为湿阻，治宜清利湿热。朱老治疗此证以清利肺胃为主。

患者华某，男，50岁，初诊：感邪发热之后，余热未清，出现口苦，纳减，低热不退、间或咳嗽胸闷等症状，苔腻，脉弦数。治宜清肺胃。拟方用：天花粉9克，竹茹9克，清豆卷9克，赤茯苓9克，陈青蒿5克，浙贝母9克，藿香9克，佩兰9克，六一散10克（包煎），炒谷芽9克，白菊花6克，炒鸡内金9克，服用5剂[②]。

按： 本案为湿热余邪，蕴留肺胃气分之证。患者口苦纳呆，持续低热，苔腻脉数，此为邪留于胃；肺失清降，则咳嗽胸闷。药用茯苓、天花粉、竹茹清阳明湿热；藿香、佩兰芳香化浊；白菊、青蒿清热平肝；浙贝母清肺气、祛痰止嗽；鸡内金、谷芽健胃。诸药合用，使湿热得除，肺胃得宣。

（三）痰饮夹感，肺失宣降证

症见发热，咳嗽咳痰，身体疼痛，苔黄腻，脉弦滑，治宜宣肺祛痰解表。朱老治疗多以清热化痰宣肺为主。

患者朱某，女，71岁，初诊：宿有痰饮，近感外邪，咳嗽痰滞，胸闷气急，形寒身热，遍体酸痛，胃纳不展，夜寐不宁，脉滑而数，舌苔薄黄。治以宣肺，涤痰热。拟方用：浙贝母、川贝母各6克，瓜蒌皮9克，杏仁8克，菊花5克，苏子9克，炙紫菀9克，前胡6克，款冬花9克，枇杷叶9克，连翘9克，忍冬藤15克，服用4剂[③]。

---

① 朱古亭. 朱古亭临证录[M]. 杭州：浙江科学技术出版社，1992：45.

② 朱古亭. 朱古亭临证录[M]. 杭州：浙江科学技术出版社，1992：45-46.

③ 朱古亭. 朱古亭临证录[M]. 杭州：浙江科学技术出版社，1992：46.

按：本案证属痰饮夹感，肺失宣降，导致咳嗽胸闷气急；邪从热化，痰热内扰，出现体痛身热之症；苔薄黄也为热象。药用前胡、杏仁、瓜蒌宣肺止咳；苏子降气平喘；浙贝母、紫菀、款冬花化痰止咳；连翘、菊花解热；枇杷叶清肺化痰；忍冬藤解热通络。各药合用达到宣肺清热化痰的功效，使痰化热退则愈。

（四）肺阴不足，脾气虚弱证

症见咳嗽，五心烦热，口唇干燥，或喉痒，舌红少苔，脉细数。此因肺阴虚弱，肃降失司。治以养阴清肺。朱老常用百部、瓜蒌、苏子等止嗽祛痰，若兼见食欲不振，加香砂六君丸包煎以培土生金。

患者杨某，女，27岁，初诊：喉痒咳嗽，痰出如沫，胸中隐痛，五心烦热，口唇干燥；近半月来，食欲不振，脘腹作胀，精神倦怠，面容不泽。脉细数，舌偏红少苔。西医诊断为肺结核。当以养阴清肺，和中健脾为治。拟方用：炙百部6克，浙贝母6克，川贝母6克，炙紫菀9克，苏子9克，瓜蒌皮9克，炙甘草4克，制香附9克，炒谷芽10克，炒神曲10克，炙鳖甲50克，银柴胡6克，地骨皮9克，麦冬9克，香砂六君丸12克（包煎），10剂[①]。

按：本案证属肺阴不足，脾气虚弱。肺阴虚，肃降功能失司，故喉痒咳嗽；阴虚生热，故出现五心烦热，口唇干燥等症状；脾气弱，运化不健，故食欲不振，脘腹作胀，神疲，面少华；津不输布，聚集为痰，故痰出如沫。药用百部、瓜蒌、贝母、苏子、紫菀祛痰止咳，辅以清骨散养阴退热；香砂六君丸培脾和中。

（五）痰饮咳嗽，肾不纳气证

症见咳嗽日久，痰多气急，胸闷，苔黄腻，脉弦滑。此为肺失宣降，肾不纳气。治以清肺降气，固肾纳气。朱老常用苏子、杏仁、麻黄宣肺降气平喘，补骨脂、沉香降气纳肾，浙贝母、炙紫菀、浮海石祛痰止嗽。

患者张某，男，52岁，初诊：平素嗜酒，内湿恒盛，聚为痰饮，咳嗽多年；痰多气急，日渐见重，胸闷纳呆。脉弦滑，苔黄腻。治当清肺降气，健脾以助运化。拟方用：苏子9克，炙紫菀9克，姜半夏6克，茯苓9克，浙贝母9克，薄橘红4.5克，杏仁9克，炙麻黄3克，浮海石12克，炒谷芽9克，补骨脂9克，沉香3克，服用7剂。二诊：服药7剂后，咳嗽气急较缓，胃纳略馨，

① 朱古亭. 朱古亭临证录[M]. 杭州：浙江科学技术出版社，1992：46-47.

痰出较爽，苔腻未化，再进药调理，并戒酒。拟方用：炙款冬9克，炙紫菀9克，浙贝母9克，橘红4.5克，姜半夏5克，杏仁6克，茯苓10克，苏子9克，制川朴5克，蛤壳12克，炒谷芽、神曲各10克，10剂。三诊：服用10剂后，喘嗽见减，胃纳见增。苔腻仍未见化。再以清肺化痰，和中健脾。拟方用：苏子9克，陈皮5克，姜半夏5克，炙紫菀9克，炙甘草4克，茯苓9克，藿香、佩兰各9克，炒神曲10克，香砂六君丸12克（包煎），10剂[①]。

按：本案患者平素好饮，脾胃本就湿热，易聚湿生痰，变成痰饮咳嗽者，初病在肺，久则肺病及肾，故咳嗽喘息，愈发愈重。肺气失降，日久则肾不纳气。痰湿壅盛，故舌苔厚腻。方用二陈和胃化痰；喘嗽减轻之后，去麻黄，加厚朴及香砂六君丸调理脾胃，和中理气。诸药合用达到降肺纳肾、健脾益胃、清化湿痰之效。

（六）肺失肃降，肝胃不和证

症见咳嗽咳痰，脘痞，纳呆，朱老治疗此证多以清肺和胃为主。

患者汤某，女，55岁，初诊：咳嗽痰滞，脘痞不畅，饮食不思，时欲泛酸，治宜清肺化痰，调肝和胃以治。拟方用：淡吴茱萸3克，姜半夏6克，浙贝母9克，紫菀9克，款冬花9克，茯苓10克，制香附9克，佛手片9克，炒鸡内金9克，炒谷芽10克，香砂六君丸12克（包煎），7剂。二诊：服用7剂后，药后泛酸已除，食欲稍开，脘腹觉舒。唯咳嗽痰出不利。治以清肺祛痰，调中气。拟方用：炙紫菀9克，苏子9克，茯苓10克，浙贝母9克，炒鸡内金9克，炒谷芽10克，姜半夏5克，炙甘草4克，瓜蒌皮9克，香砂六君丸12克（包煎），7剂。三诊：服用7剂后，胃部已舒，仍口淡乏味，痰咳不爽，苔腻未化。再拟和中清化之方。方用：杏仁6克，制川朴4克，藿香9克，佩兰梗9克，茯苓9克，橘红4克，姜半夏6克，炒谷芽10克，炒鸡内金9克，浙贝母9克，炙紫菀9克，7剂[②]。

按：本案患者宿有痰饮，兼有胃病，痰湿之邪较盛，未得清化。治宜肃肺祛痰，疏肝和胃。吴茱萸、半夏、浙贝母温胃止呕；香附、佛手疏肝和胃；紫菀、苏子、款冬祛痰止咳；鸡内金、谷芽健胃；香砂六君调气和中。药后症状明显减轻，唯腻苔未化，肺胃痰浊未清，用藿香、厚朴、半夏、茯苓和中化浊；杏仁宣肺；使得湿化胃和、肺气宣降。

① 朱古亭.朱古亭临证录[M].杭州：浙江科学技术出版社，1992：47-48.

② 朱古亭.朱古亭临证录[M].杭州：浙江科学技术出版社，1992：48-49.

（七）痰饮咳嗽，肺失宣降证

症见咳嗽痰多，胸闷气急，脘痞纳呆，苔腻、脉弦。此因脾不健运，聚湿成痰，上注于肺，肺失肃降。治宜清肺化痰，燥湿健脾。朱老常用二陈、藿香、厚朴等和中化湿，贝母、紫菀、款冬、苏子、瓜蒌等祛痰止嗽，神曲、谷芽和胃健脾。

患者费某，男，63岁，咳嗽痰滞，胸闷气急。苔腻脉弦。治以清肺胃。拟方用：浙贝母9克，冬瓜子10克，苏子9克，款冬花9克，炙紫菀9克，茯苓9克，瓜蒌皮9克，橘红4.5克，姜半夏6克，佛耳草9克，炒谷芽9克，炒神曲10克，7剂①。

按：本案患者为痰饮咳嗽，发时胸闷气急，痰阻气道，使肺失宣降；苔腻者为痰浊阻滞，弦脉者可为饮病。二陈汤为祛痰化湿和胃之代表方，加紫菀、款冬、苏子、瓜蒌、浙贝母、佛耳草祛痰止咳；神曲、谷芽健脾和胃。

（八）肺病及心，心脉痹阻证

症见咳嗽，痰黏难咳，气急胸闷，不能平卧，心悸心烦，伴有发热。舌红苔腻，脉细数。此因心肺同病，治以清肺祛痰，养心宣痹。朱老在治疗此证时常在清肺药中加入麦冬以清心，丹参、赤芍等活血祛瘀，甘草、板蓝根等清热解毒。

患者陈某，女，52岁。初诊：咳嗽痰滞，胸闷气急，不能平卧，心悸心烦，口苦而干，发热亦起。舌紫苔腻，脉细数。治宜清肺祛痰，养心宣痹。拟方用：瓜蒌皮9克，麦冬9克，丹参12克，川贝母6克，浙贝母6克，苏子9克，炙紫菀9克，生甘草4克，赤芍9克，冬瓜子10克，枇杷叶9克，沉香片4克，茯苓10克，板蓝根12克，桑白皮9克，7剂②。

按：本案患者肺病咳嗽多年，肺病及心，致使心脉痹阻，营血运行失常，故见心悸，心肺同病。近因感受外邪，化热酿痰，肺失宣降，故出现痰嗽气急，不能平卧，身热亦起等症；因心火偏旺，故心悸心烦；舌紫为心脉瘀阻之象；苔腻脉数为内热之征。药用瓜蒌、贝母、苏子、紫菀、桑皮泻肺平喘，祛痰止咳；麦冬、枇杷叶清心润肺；此为清肺化痰、养血益心、心肺同治之法。

---

① 朱古亭. 朱古亭临证录[M]. 杭州：浙江科学技术出版社，1992：48.

② 朱古亭. 朱古亭临证录[M]. 杭州：浙江科学技术出版社，1992：49-50.

（九）感冒之后，痰湿未清证

症见咳嗽咳痰，有感冒病史，舌红苔腻。朱老治疗此证以祛痰为主，常用瓜蒌、贝母等化痰止咳。

患者蒋某，女，19岁。初诊：感冒之后，咳嗽有痰，胸闷气逆。治拟清降。拟方用：浙贝母9克，杏仁6克，炙紫菀9克，瓜蒌皮9克，苏子9克，茯苓9克，姜半夏6克，薄橘红4.5克，制香附9克，炒谷芽9克，炙甘草4克，7剂。二诊：服用7剂后，咳减痰少，胃纳稍可，原方有效，嘱续服5剂[①]。

按：本案患者为感冒之后，肺胃痰湿未得完全清肃，方用二陈，燥湿化痰、理气和中；再加瓜蒌、贝母、杏仁、紫菀祛痰止咳。

（十）余邪恋肺，肝热上冲证

症见眩晕，头目胀痛，面红烦躁，口苦咽干，脉弦数。朱老治疗此证常用山栀、丹皮、菊花等清热平肝凉血；贝母、竹茹等清肺和胃。

患者高某，男，3岁。初诊：感邪发热之后，两目多眵，鼻衄，食欲不展，时有饱嗳。拟清肝和胃。拟方用：滁菊3克，炒山栀6克，丹皮3克，浙贝母6克，生甘草3克，竹茹9克，炒鸡内金9克，谷麦芽各6克，代赭石9克（先煎），3剂。二诊：服用3剂后，鼻衄已止，饱嗳亦消，纳食尚可，拟清化之法。拟方用：甘菊花3克，炒谷芽9克，生甘草4克，白芍6克，炒山栀4.5克，茯苓9克，麦冬8克，枇杷叶9克，炙紫菀3克，3剂[②]。

按：本案患者为小儿之体，阳气旺盛，当感受外邪后，邪正交争剧烈，容易发热。两目多眵，鼻衄为余邪蕴于肝肺，上循其窍；食欲不展，常有饱腹感为胃气不和。药用菊花、山栀、丹皮清肝凉血；浙贝、甘草、竹茹清热化痰；鸡内金、谷芽健脾消滞；代赭石重镇降逆。

（十一）肺病失血，心肝失养证

症见心悸怔忡，失眠多梦，健忘眩晕，面色无华，舌淡，脉细弱。朱老常用香附、佛手等疏肝，夜交藤、桑寄生等养血。

患者于某，女，46岁。初诊：心悸易惊，头晕胀痛，腰背酸痛，胃纳不振，脘腹不舒，舌红苔薄，脉细弦。治以调肝和胃，养阴宁心。拟方用：佛手片6克，白芍9克，炙甘草5克，瓜蒌皮9克，甘菊花6克，夜交藤12克，丹参12克，桑寄生9克，珍珠母20克，制香附9克，麦冬9克，龙骨15克，

① 朱古亭. 朱古亭临证录[M]. 杭州：浙江科学技术出版社，1992：50.

② 朱古亭. 朱古亭临证录[M]. 杭州：浙江科学技术出版社，1992：50-51.

7剂[①]。

按：本案患者为肺肾阴虚、心肝失养之证。心悸易惊、头晕为肺病失血，心肝濡养不足；肾阴虚，故腰酸背痛；肝胃不调，故脘腹不舒。方中佛手、香附疏肝理气；白芍、麦冬养阴；瓜蒌利气宽胸；菊花平肝；夜交藤、桑寄生养血安神、补益肝肾；丹参、珍珠母、龙骨清心除烦安神。

（十二）肺不肃降，血不养筋证

症见气逆咳嗽，肢体筋挛，舌淡脉细。治宜降逆肺气，养血荣筋。朱老常用苏子、紫菀、款冬下气消痰；鸡血藤、桑寄生养血。

患者汪某，男，53岁。初诊：咳嗽少痰，胸闷气急，下肢筋挛。舌淡，脉细。拟方用：苏子9克，炙紫菀9克，款冬花9克，瓜蒌皮9克，白芍9克，炒当归9克，炙甘草5克，桑寄生9克，鸡血藤12克，丹参9克，炒谷芽10克，5剂。二诊：服用5剂后，下肢筋挛缓解，咳嗽气急稍减，纳食可，脉舌如前，嘱原方续服7剂[②]。

按：本案患者素有肺病咳嗽，发作时胸闷气急，此因肺气失于肃降；近来下肢筋挛，为血不养筋所致。药用苏子、紫菀、款冬下气化痰；瓜蒌化痰止咳；芍药甘草汤养阴；当归、桑寄生、鸡血藤、丹参养血舒筋；加谷芽等健脾和胃之品助血速生。

（十三）肺胃不和，痰结咽喉证

症见咽中如有异物阻塞，胸部满闷不舒，舌白苔腻，脉弦滑。朱老常用半夏厚朴汤加减行气降逆化痰，同时加用藿香、佩兰、香附等理气药疏肝解郁。

患者谢某，男，49岁，初诊：咽有梗感，嗳气时泛，脘中不舒。舌白厚腻。治拟疏化。拟方用：浙贝母9克，炙紫菀9克，姜半夏6克，苏子梗各6克，茯苓10克，佛手片8克，制川朴5克，藿香9克，佩兰9克，制香附9克，7剂[③]。

按：本案患者为痰湿阻于肺胃，肺胃不清，气失和降，咽中常有梗感，此为梅核气之症，半夏厚朴汤为其主方，方中半夏化痰散结和胃；厚朴除满；茯苓渗湿健脾；生姜和胃；苏叶理肺疏肝；浙贝母化痰；佛手、藿香、

① 朱古亭. 朱古亭临证录[M]. 杭州：浙江科学技术出版社，1992：51.

② 朱古亭. 朱古亭临证录[M]. 杭州：浙江科学技术出版社，1992：51-52.

③ 朱古亭. 朱古亭临证录[M]. 杭州：浙江科学技术出版社，1992：52.

佩兰、香附理气疏肝解郁。

（十四）邪毒阻肺，气阴两伤证

症见食欲不振，面色苍白，口干咽燥，神疲乏力，舌红苔少，脉细数。治宜养阴清肺。朱老常用玄参、麦冬、生地、白芍等养阴益气。

患者吴某，男，55岁，初诊：西医确诊为肺癌晚期，胸痛彻背，发作无常，饮食少进，语声低怯，大便艰难。脉来细数，舌质光绛。且拟养阴清肺，活血宣痹，而润肠道。拟方用：玄参10克，天冬9克，麦冬9克，生地15克，参三七3克，延胡索9克，赤白芍各6克，瓜蒌皮子各10克，丹参9克，牡蛎20克，知母9克，生甘草4克，制大黄3克，3剂[①]。

按：本案为肺癌后期患者，难施手术。患者邪毒阻肺，气滞血瘀，长此以往气阴两伤，朱老虽予进养阴清肺之品，但邪毒炽盛，患者正气本就虚损，终难对抗邪毒。

（十五）肺胃失清证

症见食欲不振，肢体困重，舌淡胖，苔白滑，脉沉迟。治宜健脾化痰祛湿。朱老常用浙贝、紫菀、款冬化痰止咳；茯苓祛湿；神曲、麦芽健脾和胃。

患者王某，男，61岁，初诊：咳嗽痰多，胸闷气急，纳呆苔腻。拟方用：浙贝母9克，款冬花9克，炙紫菀9克，苏子9克，旋覆花6克，陈皮5克，姜半夏6克，茯苓10克，炒谷芽10克，炒神曲9克，制川朴4克，杏仁6克，7剂[②]。

患者王某，男，58岁，初诊：感冒之后，咳嗽腻痰，脘痞纳呆。舌苔厚腻。拟方用：姜半夏6克，橘红4.5克，浙贝母9克，炙紫菀9克，款冬花9克，茯苓9克，制川朴6克，广藿香9克，炒神曲10克，炒谷芽9克，制苍术6克，7剂。复诊：服用7剂后，痰减，纳食增加，脘痞好转，腻苔较前转薄。原法再行。拟方用：陈皮5克，姜半夏5克，茯苓9克，藿香梗9克，浙贝母9克，炙紫菀9克，炒谷芽9克，炒神曲10克，款冬花9克，炙甘草4克，香砂六君丸12克（包煎），7剂[①]。

患者徐某，男，64岁，初诊：痰饮咳嗽，受凉则发，痰多胸闷气喘，舌苔白腻。治拟温化。拟方用：炙麻黄3克，杏仁6克，苏子9克，款冬花9克，

① 朱古亭. 朱古亭临证录[M]. 杭州：浙江科学技术出版社，1992：52-53.

② 朱古亭. 朱古亭临证录[M]. 杭州：浙江科学技术出版社，1992：53.

姜半夏6克，茯苓9克，橘红4.5克，浙贝母9克，白果10粒，5剂[①]。

按：以上3例患者均为痰湿阻肺，肺失肃降之证。第一例患者乃脾不健运，聚湿成痰，上注于肺，肃降失司为主；第二例患者为感冒之后，痰湿未清，阻于肺胃；用二陈、藿香、厚朴等和中化湿；贝母、紫菀、款冬、苏子等祛痰止嗽。第三例患者喘嗽较重，舌苔白腻，用二陈、款冬、苏子化痰止嗽；麻黄、杏仁、白果宣肺降气平喘。

（十六）痰热蕴肺，络伤出血证

症见咳嗽气喘，甚则痰中带血，舌红苔多黄腻，脉滑数。治宜清热化痰止咳。朱老常用鱼腥草、白薇、银柴胡等退热；浙贝、紫菀、苏子、瓜蒌化痰止咳；茜草炭凉血止血。

患者王某，男，54岁，初诊：咳嗽多痰，痰中带血，胸闷气逆，病经半载，近有发热，午后为甚，胃纳不佳。舌苔黄腻，脉弦数。痰热阻肺，肃降失常。拟方用：炙紫菀9克，浙贝母9克，苏子9克，瓜蒌皮9克，款冬花9克，茯苓9克，桑白皮9克，鱼腥草9克，白薇9克，银柴胡6克，旱莲草9克，茜草炭9克，炒谷芽9克，20剂[②]。

按：本案患者被西医诊断为肺癌晚期，出院回家用中药治疗。其为病久痰热蕴留肺胃，气失肃降，络伤血溢，故出现咳嗽痰中带血，气逆，纳差等症。药用除化痰止咳及退热药外加谷芽等健脾和胃药，固护胃气。

（十七）体虚夹感，肺失宣降证

症见咳嗽咳痰，神疲乏力，平素体虚，易于感冒。治宜扶正益气，清肺化痰。朱老常用党参、紫菀、浙贝、瓜蒌、桔梗、苏子、姜半夏、生甘草等扶正化痰。

患者金某，女，44岁，初诊：平素体虚，易于感冒，咳嗽少痰，喉有梗感，肩背酸，疲困乏力。拟方用：浙贝母9克，炙紫菀9克，瓜蒌皮9克，姜半夏5克，桔梗4克，生甘草4克，西党参12克，桑寄生9克，茯苓9克，苏子9克，5剂。二诊：服用5剂后，感冒已解，咳嗽，喉痹亦消，胃纳仍差，精神仍疲劳，偶有怔忡。苔胖苔薄，脉细弱。拟方用：西党参12克，炒白术9克，炙甘草5克，炒谷芽10克，炒鸡内金9克，茯苓12克，丹参9克，麦冬9克，柏子仁9克，广木香4克，姜半夏5克，7剂。三诊：服用7剂后，怔忡已

① 朱古亭. 朱古亭临证录[M]. 杭州：浙江科学技术出版社，1992：53-54.

② 朱古亭. 朱古亭临证录[M]. 杭州：浙江科学技术出版社，1992：54-55.

止，胃纳可，脉仍细弱，再拟调养。拟方用：炙黄芪12克，西党参12克，炒当归9克，炒谷芽10克，茯苓9克，炒神曲10克，炒白芍9克，陈皮5克，炙甘草5克，7剂①。

按：本案患者平素体虚，易于感冒，当其感受外邪后，肺失宣降，故咳嗽；神疲怔忡，纳呆等为虚证。方仿参苏饮益气扶正；浙贝母、紫菀、瓜蒌、桔梗、甘草、苏子化痰止咳；后用六君子加减健脾益气，燥湿化痰，方中党参、茯苓、甘草益气；陈皮、理气化痰；神曲、谷芽和胃健脾。朱老治疗此证予先清后补之法，使肺得清肃后补益正气。

吴培和郑小伟曾撰文总结朱老治疗肺病的特点，认为朱老非常注重脏腑之间的相互关系，常在清肺的同时不忘健脾，以培土生金。其用药清轻，却效如桴鼓，有四两拨千斤之妙。其用药简单平常，不令病者难求，简便廉验，具大医风范。其辨证准确，分型细致，用心精微。其治法严谨，方证丝丝入扣，湿者燥之，燥者润之，热者清之，寒者温之，虚者补之，实者泻之，随宜而治。充分体现“五脏六腑皆令人咳，非独肺也”的思想，以五脏辨治咳嗽。常用的方剂有桑菊饮、止嗽散、二陈汤、香砂六君丸等，加减灵活，化裁得当，师古而不泥古，平常中见神奇②。

第二节　治脾胃病经验

朱老对脾胃病深有研究，临床经验独特，疗效确切，深受病家信赖。朱老指导沈浪泳、王海舜完成的“朱古亭教授诊疗胃脘痛电脑模拟系统”曾获浙江省老中医学术经验继承优秀奖。脾胃功能失司，常易出现其他脏腑的病变，朱老自制佛手散治疗胃脘痛疗效颇佳，针对不同病因病机引起的脾胃病，采取不同的治疗方法，以理气健脾和胃为主，随症施治。据《朱古亭临证录》，朱老治疗脾胃病的医案可分为以下二十六种证型。

（一）肝郁脾弱，运化不健证

症见胸胁胀痛，腹胀，便溏，食少，苔白脉弦。治宜疏肝健脾。朱老常用木香、香附、佛手行气疏肝止痛；茯苓、苡仁健脾化湿；谷芽、鸡内金和胃。

患者赵某，女，54岁，初诊：食欲不振，食后腹胀，胃部隐痛，大便稀

① 朱古亭. 朱古亭临证录[M]. 杭州：浙江科学技术出版社，1992：55.

② 吴培，郑小伟. 朱古亭教授诊治咳嗽经验举隅[J]. 浙江中医药大学学报，2015（11）：788-790.

不成条形。舌质胖，中间有薄腻苔，脉细弱，中有间歇。拟疏肝调气和胃。拟方用：广木香6克，制香附9克，陈佛手9克，炒白芍9克，茯苓9克，炒苡仁10克，炒白术9克，炒谷芽9克，炒鸡内金9克，姜半夏5克，合欢皮9克，香砂六君丸15克（包煎），5剂。二诊：服用5剂后，进调肝和脾之剂，纳食好转，腹胀觉舒，隐痛已消，睡眠改善。拟原方去苡仁、佛手片、合欢皮，加党参10克，7剂。三诊：服用7剂后，半月以来，胃不觉痛，大便正常，睡眠显著改善，间歇脉好转。拟和中培脾善后。拟方用：西党参12克，炒白术9克，茯苓9克，炙甘草4克，陈皮4.5克，姜半夏5克，砂仁壳4.5克，炒谷芽9克，生姜2片，红枣5枚，7剂[①]。

按：本案患者为肝郁脾弱、运化不健之证，脾升则健，胃降则和。肝郁影响脾胃功能，致使脾胃功能失司，生化不足，故出现食欲不振，食后腹胀等症状。方以香砂六君为主，疏补化痰，调和脾胃；白芍养阴柔肝；合欢皮安神宁心；谷芽、鸡内金健胃消食。

（二）肝脾不调，气湿下注证

症见腹痛泄泻，腹胀纳呆，舌苔白腻，脉弦。治宜疏肝健脾。朱老常用痛泻要方治之，同时加用芳香理气药疏理气机。

患者何某，女，39岁，初诊：腹痛便溏，带有黏液，数月不愈。治拟调肝和脾，疏气化湿。拟方用：炒防风4.5克，炒白术9克，炒白芍9克，陈皮5克，益智仁9克，马齿苋9克，广木香6克，炒谷芽9克，焦神曲9克，炙甘草4克，制香附9克，10剂。二诊：服用10剂后，腹痛已止，大便改善，黏液消失，常见白带，且有异味，拟方用：椿根皮9克，生苡仁10克，马齿苋9克，炒防风3克，制苍术9克，制香附9克，白芍9克，带皮茯苓10克，炒银花9克，生甘草4克，炒当归8克，10剂[②]。

按：本案患者为肝脾不调导致的泄泻证。肝气不调乘脾，脾虚湿盛则腹痛便溏；痛泻要方为此证之主方；方中防风、白术、白芍、陈皮疏风理气，柔肝健脾。加用木香、香附疏调气机；益智仁运脾止泻；马齿苋清肠；谷芽、神曲健脾和胃。患者药后常见白带、有异味，此为湿热下注所致。药用苡仁、苍术、茯苓健脾除湿；当归、香附养血调肝；防风疏风；椿皮收涩；银花、马齿苋、甘草清热解毒。先调肝脾，后除湿热，诸证皆愈。

---

① 朱古亭. 朱古亭临证录[M]. 杭州：浙江科学技术出版社，1992：56.

② 朱古亭. 朱古亭临证录[M]. 杭州：浙江科学技术出版社，1992：57.

（三）肝胃不和，气失疏降证

症见胸胁胀满疼痛，嗳气，食欲不振，苔薄脉弦。治宜疏肝和胃降气。朱老常用佛手、香附、延胡索、川楝子行气疏肝；谷芽、鸡内金等和胃健脾；白芍养阴；代赭石、合欢皮安神。

患者王某，女，46岁，初诊：胃部痛，右胁隐痛，恶心欲泛，食欲不振，头晕心悸，神倦怠，夜卧神不安。舌胖嫩，脉细弱。治宜调肝和胃。拟方用：佛手片9克，制香附9克，延胡索6克，川楝子9克，炙甘草5克，白芍9克，代赭石12克，炒谷芽10克，炒鸡内金9克，西党参12克，合欢皮9克，柏子仁9克，5剂。二诊：服用5剂后，脘胁疼痛减轻，纳食尚可，神疲乏力，舌净脉细。昨日起有头痛眩晕，甚而欲泛，治宜养血平肝，和中培脾。三诊：服药后头痛眩晕已止，脘畅纳增，时欲太息，舌光无苔，脉仍细弱，养阴疏肝，一贯煎加减。拟方用：当归9克，炒白芍9克，杞子9克，麦冬9克，西党参12克，佛手片6克，绿萼梅4克，炒谷芽9克，茯苓9克，7剂。另配：香砂六君丸、杞菊地黄丸各150克，每次9克，每日2次，早晚分服[①]。

按：本案患者为肝胃不和之症，肝失疏泄，横逆犯胃，故胃痛欲呕，食欲不振；气机不利，肝络不畅，故胁痛；肝病影响心神，故心悸少眠；肝血不足，风阳易升，故眩晕。方用归芍六君加减益气健脾，养血和胃；金铃子散加减疏肝止痛；杞菊地黄加减养阴；一贯煎疏肝滋阴，使患者症状逐渐改善。

（四）脾弱肝侮，生化不足证

症见腹胀，食欲不振，神疲、便溏，治宜健脾疏肝益气。朱老常用香附、木香、川楝子行气疏肝；党参、黄芪、白术补气。

患者陈某，男，25岁，初诊：形瘦神疲，动则气短，腹中发胀，大便稀烂，食欲不振，脉细弱。治宜培脾顾本，疏肝解郁。拟方用：炙黄芪12克，西党参12克，炒白术9克，川楝子9克，制香附9克，广木香6克，制川朴4克，炒谷芽9克，炙桂枝3克，炒白芍9克，补中益气丸10克，10剂。二诊：服用10剂后，腹胀见松，大便略干，纳食好转，寐仍不安，手指常冷，疲困乏力，动则气短，脉仍细弱。治宜调补心脾。拟方用：炙黄芪15克，西党参12克，炒白术9克，炒当归9克，白芍9克，炙桂枝3克，补骨脂9克，炒枣仁9克，炒谷芽9克，茯苓9克，炙甘草4克，炒远志4克，生姜2片，大枣5枚，

① 朱古亭. 朱古亭临证录[M]. 杭州：浙江科学技术出版社，1992：57-58.

10剂[①]。

按：本案患者为肝郁脾弱，虚中夹实之证，脾弱为虚，肝郁为实。脾脏运化功能失常致使运化无权，故大便稀溏；肝郁，故腹中发胀；脾胃虚弱，饮食减少，气血生化不足，四肢肌肉失于滋养，故形瘦神疲；气虚血少，血脉不充，故脉细弱。方用六君子汤、补中益气汤益气健脾；归脾汤健脾养心；桂枝汤调和营卫，温通血脉。

（五）郁怒动肝，肝气横逆证

症见情志不舒，胃脘痛，舌红脉弦，治宜疏肝理气，和胃。朱老常用川楝、香附、绿梅花行气疏肝；旋覆、代赭石降逆；麦冬、枸杞、白芍养肝；珍珠母平肝潜阳。

患者邢某，女，49岁，初诊：素体阴虚阳亢，常头晕；近因郁怒，脘腹发胀，时作嗳气。舌红，脉细弦。治拟疏养。拟方用：川楝子9克，绿梅花4克，制香附9克，旋覆花6克，代赭石12克，川朴花5克，麦冬9克，杞子9克，白芍9克，珍珠母15克（先煎），炒谷芽9克，5剂。二诊：服用5剂后，脘腹胀减，头晕亦见减少，胃口略有好转，嗳气仍频，拟方用：佛手花3克，旋覆花4克，绿梅花3克，姜半夏4克，代赭石12克，白芍9克，麦冬9克，杞子9克，北沙参10克，炒谷芽9克，甘菊花4克，7剂[②]。

按：本案患者为肝气横逆，侵犯脾胃之证。其素体阴虚，无力制阳，虚阳本就易亢，故平素易头晕；加之近来郁怒伤肝，致使肝气横逆，侵犯脾胃，故出现脘腹发胀，食欲不振，嗳气时作等症。方用一贯煎加减疏肝理气滋阴。

（六）肺胃不和，水饮停聚证

症见咳嗽咳痰，呕恶，饮食不佳，舌淡苔腻，脉弦。治宜和胃健脾化湿。朱老治疗此证常用良附丸温胃理气，温中散寒；香砂六君丸和胃化痰；半夏、茯苓渗湿止呕；佛手理气和胃；浙贝、款冬、紫菀祛痰止咳；瓦楞子制酸；谷芽健脾和胃。

患者李某，女，47岁，初诊：宿患肺病，咳嗽有痰（经医院透视右肺有结核病灶），半月来胃部隐痛，口泛酸水。舌淡苔薄腻，脉细弦。治拟清肺祛痰，和胃涤饮。拟方用：姜半夏6克，茯苓10克，瓦楞子9克，制香

① 朱古亭. 朱古亭临证录[M]. 杭州：浙江科学技术出版社，1992：59.

② 朱古亭. 朱古亭临证录[M]. 杭州：浙江科学技术出版社，1992：60.

附9克，高良姜3克，浙贝母9克，炙款冬9克，炙紫菀9克，佛手片9克，炒谷芽10克，西党参12克，香砂六君丸12克（包煎），5剂。复诊：服用5剂后，胃痛泛酸已消，咳嗽、咳腻痰，前天起大便不实，日行二三次，胃纳欠佳，脉舌如前。治以和胃健脾，而化痰湿。拟方用：制苍术9克，茯苓9克，炒苡仁10克，西党参12克，陈皮6克，姜半夏6克，浙贝母9克，款冬花9克，炙紫菀9克，炒谷麦芽各9克，益智仁9克，香砂六君丸12克（包煎），7剂①。

按：本案患者为肺胃不和之证。其宿有肺病，肺失宣降，故咳嗽咳痰；胃阳不足，脾虚湿滞，湿聚成痰，故胃痛泛酸；久之形成肺脾两虚之候。初治以良附、香砂六君温胃为主；后加苍术、茯苓、苡仁加强健脾渗湿之功；加陈皮和胃化痰；益智仁运脾阳，使肺胃相合。水饮得化。

（七）肝失条达，犯胃侮脾证

症见呕恶，食欲不振，便溏，舌淡苔腻，脉细弦。治宜健脾和胃疏肝。朱老治疗此证常用半夏泻心汤调和肝脾；二陈汤理气和中；左金丸疏肝和胃。

患者石某，女，33岁。初诊：恶心泛酸，大便溏薄，纳食不展，稍纳脘胀。脉细弦，苔薄腻。拟方用：姜半夏6克，陈皮5克，茯苓9克，淡吴萸1.5克，益智仁9克，炒白芍9克，制香附9克，黄连1.5克，淡干姜3克，炒谷麦芽各9克，香砂六君丸12克（包煎），4剂。二诊：服用4剂后，呕酸止，大便改善。唯经水来潮，腹中痛胀，且有瘀块。苔薄腻，脉细涩。治宜疏肝理气，活血调经。方用：炒当归9克，益母草9克，制香附9克，延胡索9克，白芍9克，橘核9克，川楝子9克，川芎6克，广木香6克，失笑散9克（包煎），3剂②。

按：本案患者初为肝失疏泄，脾胃失调之证。药用半夏、陈皮和胃止呕；吴茱萸、益智仁疏肝温脾止泻；谷芽、麦芽健脾和胃；香附疏肝理气。复诊时前症改善，唯经水来潮之时腹痛，此因冲任失调，导致血脉瘀阻，故而痛经，药用当归、益母草、白芍、川芎养血；延胡索、香附、橘核、川楝子、木香行气疏肝止痛；失笑散祛瘀止痛，使得气行血畅，经痛自愈。前后两方用药不同，盖因病情各异，需辨证治之。

---

① 朱古亭. 朱古亭临证录[M]. 杭州：浙江科学技术出版社，1992：60-61.

② 朱古亭. 朱古亭临证录[M]. 杭州：浙江科学技术出版社，1992：61-62.

（八）脾弱气虚，肝阳上亢证

症见腹胀纳少，肢体困倦，神疲乏力，少气懒言，头晕，舌淡苔白，脉弱，治宜益气健脾，平肝潜阳。朱老治疗此证常用蒺藜、珍珠母、枸杞、白芍养阴平肝潜阳；党参、白术、茯苓益气健脾。

患者赵某，女，45岁。初诊：大便溏薄，为时已将3个月，食欲不振，神怠乏力，形体虚胖，乃脾弱气虚也，头晕发胀，时或火升面红，乃阴虚阳亢也。宜益气健脾，平肝潜阳之法。拟方用：西党参12克，炒白术9克，茯苓9克，杞子9克，珍珠母15克，白芍9克，白蒺藜6克，夜交藤12克，益智仁9克，杞菊地黄丸、香砂六君丸各12克（包煎），10剂[①]。

按：本案患者为脾气虚弱，肝阳上亢之症。脾虚运化无力，故便溏；肝阳上亢，故头晕。药用益气健脾、养阴平肝之品加夜交藤养血；益智仁运脾止泻；杞菊地黄丸养阴；香砂六君丸补脾疏肝。

（九）胃阳不足，饮停肝激证

症见胃脘冷痛，泛吐清水，倦怠乏力，舌淡苔白，脉沉。治宜温胃止呕。朱老常用干党参补中益气；干姜、吴茱萸温胃散寒；半夏、陈皮、益智仁、茯苓利湿和胃止呕。

患者周某，男，37岁。初诊：脘腹作痛，呕吐清水。苔白腻，脉沉细。治拟温化。拟方用：淡干姜3克，姜半夏9克，淡吴萸3克，陈皮6克，制香附9克，益智仁9克，茯苓10克，西党参9克，佛手片9克，生姜2片，大枣5枚，4剂[②]。

按：本案患者为胃阳不足，胃寒饮停，导致肝激之证。胃失和降，故胃脘痛、泛吐清水，苔白脉迟皆为寒证。因有肝激症状，故加香附、佛手疏肝理气。

（十）肝气侮脾，肾虚失固证

症见腹痛，便溏，腰酸膝软，舌红少苔，脉细数。治宜疏肝和脾益肾。朱老常用白芍柔肝；白术、茯苓健脾；香附、佛手、橘核、金铃子疏肝；桑寄生、川断、菟丝子益肾。

患者汪某，女，43岁。初诊：平旦之际，常患腹痛，痛则大便必溏，白带时下，腰酸尿频，胃部不舒，经期腹痛。治以疏肝木而和脾，益肾气而止

---

① 朱古亭. 朱古亭临证录[M]. 杭州：浙江科学技术出版社，1992：62.

② 朱古亭. 朱古亭临证录[M]. 杭州：浙江科学技术出版社，1992：64.

带。拟方用：炒白芍9克，炒白术9克，制香附9克，桑寄生9克，佛手片9克，川断9克，菟丝子9克，砂仁3克，茯苓9克，金铃子9克，橘核9克，10剂[①]。

按：本案患者为肝气侮脾，肾虚失固之证。平旦为阳升木旺之时，肝气侮脾，故腹痛；肾虚失固，腰为肾之府，故腰酸尿频；肾虚任脉失固，故白带时下；肝失条达，故经期腹痛。用药调肝健脾补肾，使肝舒脾健，肾气充足，则诸症皆愈。

（十一）肝失条达，胃失和降证

症见胃脘痛，胁痛，嗳气，头晕、食欲不振，苔薄黄，脉弦，治宜疏肝和胃。朱老治疗此证常用香附、佛手、郁金、木香疏肝理气和胃；龙骨、牡蛎重镇潜阳；夜交藤、枣仁养心安神；白芍、蒺藜、杞子、菊花养阴平肝。

患者陈某，女，50岁。初诊：脘胁隐痛，气升为噫；经断前后之际，烘热形寒，时而汗出，心慌心悸，少寐多梦，头晕乏力。苔薄腻，脉小弦。抬拟养阴宁心，疏气潜阳。拟方用：制香附9克，白芍9克，杞子9克，佛手片9克，白蒺藜6克，夜交藤12克，炒枣仁9克，郁金9克，广木香6克，炒谷芽9克，甘菊花6克，牡蛎15克，龙骨15克，10剂[②]。

按：本案患者为肝失条达，胃失和降之证。其临床表现为“更年期综合征”，心肝两脏症状较为明显。其出现脘胁隐痛，气升为噫等症状，因肝木失于条达，胃失和降所致。患者为冲任脉虚损之龄，阴虚阳亢，故烘热出汗、头晕；心阴不足，故心悸心慌、少寐多梦。

（十二）肝胃气滞，传导失和证

症见胃脘痞胀或痛，纳少，排便不畅，脉弦，治宜疏肝理气，和胃止痛。朱老治疗此证常用玄参、麦冬、生地滋阴；黄芩、黄连清热降火；白芍、甘草柔肝；香附、佛手、木香疏肝理气；谷芽、神曲健脾和胃。

患者邱某，男，27岁。初诊：脘腹作痛，胃纳差，大便艰，排气则松；咽红痛，口唇燥。拟方用：玄参10克，麦冬9克，生地12克，瓜蒌子12克，黄芩6克，白芍9克，甘草5克，山栀9克，香附9克，佛手片9克，广木香6克，炒谷芽10克，炒神曲10克，7剂[③]。

按：本案患者为肝胃不调之证。肝胃气滞，故脘腹作痛；胃失和降，故

---

① 朱古亭. 朱古亭临证录[M]. 杭州：浙江科学技术出版社，1992：64-65.

② 朱古亭. 朱古亭临证录[M]. 杭州：浙江科学技术出版社，1992：65.

③ 朱古亭. 朱古亭临证录[M]. 杭州：浙江科学技术出版社，1992：66.

纳差；咽红痛，口唇燥为胃火上炎之症；火灼津液，且气滞，故大便艰。药用滋阴理气之品，加瓜蒌子润肠通便。

(十三)心肝阴虚，脾胃气虚证

症见气短乏力，便溏，胃胀或痛，纳少，舌淡苔薄白，治宜补脾和胃，益心滋阴。朱老治疗此证常用白术、山药健脾益气；苡仁、泽泻甘淡渗湿；桑皮、茯苓皮、陈皮补脾利水；杞子养肝滋肾；石决明潜阳；砂仁和中调气。

患者杨某，女，50岁。初诊：下肢肿，大便溏，心悸心慌，时有头昏眼痛。拟扶脾肾，疏气湿，益心气，潜肝阳。拟方用：炒白术9克，炒苡仁15克，怀山药12克，茯苓皮10克，陈皮5克，泽泻9克，桑白皮9克，杞子9克，砂仁3克，珍珠母15克，夜交藤15克，丹参12克，远志5克，7剂。二诊：服用7剂后，咽红退，两足浮肿未消，大便仍见稀溏，舌苔中根仍腻。拟和脾渗湿。拟方用：制川朴3克，制苍术9克，连皮茯苓10克，苡仁12克，泽泻9克，益智仁9克，广木香6克，宣木瓜9克，陈皮5克，7剂①。

按：本案患者为脾肾气虚，心肝阴虚之证，故出现下肢肿、便溏、头晕心悸等症；药用补脾利水，养肝滋阴之品，因患者心悸心慌，加用丹参、远志、夜交藤养心安神。复诊时，患者肿未消，便仍稀，舌苔腻，此乃脾虚湿滞之征，用厚朴、苍术、陈皮、黄芩健脾燥湿；苡仁、泽泻利湿消肿；益智运脾止泻；木香调气和中。

(十四)脾胃虚弱，湿滞不化证

症见脘腹不适，不思饮食，精神不振，舌淡苔白，脉缓弱，治宜健脾益气。朱老治疗此证常用平胃散燥湿运脾；香砂六君丸益气健脾和胃；参苓白术丸渗湿健脾。

患者沈某，女，32岁。初诊：胃部不舒，食欲不良，神疲肢软。苔白腻质淡，脉细弱。拟方用：西党参10克，苍白术各9克，茯苓10克，陈皮4.5克，姜半夏6克，砂仁3克，制川朴4.5克，炒谷芽10克，炒鸡内金9克，香砂六君丸12克（包煎），7剂。二诊：服药7剂后，胃部舒畅，纳食较展，腻苔亦见渐化。拟健脾胃以资化源，前方去苍、朴，再进7剂。再书参苓白术丸500克，每次9克，每日2次，作调理巩固之方②。

① 朱古亭. 朱古亭临证录[M]. 杭州：浙江科学技术出版社，1992：66.

② 朱古亭. 朱古亭临证录[M]. 杭州：浙江科学技术出版社，1992：69.

按：本案患者为脾胃虚弱，运化不健之证。脾胃虚，气血生化无源，故神疲肢软；脾运化失常，湿滞于内，故胃部不适；舌淡、脉细弱主虚，苔白腻主湿。药用党参、白术、茯苓健脾益气渗湿；半夏、陈皮、砂仁理气；川朴、鸡内金、谷芽健胃。

（十五）胃病出血，气血两虚证

症见少气懒言，神疲乏力，眩晕，面色淡白，舌淡苔薄白，脉细弱或缓，治宜补气养血。朱老治疗此证常用香砂六君加减益气健脾和胃。

患者刘某，女，27岁。初诊：胃病反复出血（化验大便潜血阳性），神疲面白，月经色淡，时间延长，纳食不振，舌淡脉细。治当和中培脾。拟方用：西党参12克，炒白术9克，炒当归9克，炒白芍9克，佛手片9克，炒谷芽10克，茯苓10克，炙甘草5克，广木香6克，炙黄芪12克，制香附9克，炮姜炭3克，5剂。二诊：服药5剂，精神胃纳有所进步，原法继服。照原方去炮姜炭，嘱服15剂[①]。

按：本案患者由于胃病长期反复出血，导致气血两伤，气血不能上荣，故面白神疲；血少脉道不充，故脉细弱；气虚不能摄血，故月经时间延长，血色淡。方用香砂六君加归、芍以益血养阴；黄芪益气；炮姜炭温中摄血。全方补气健脾，温中和胃，脾胃功能恢复，则气血自能生化。

（十六）肝脾不和证

症见头晕，多梦，腹胀，面白，便溏，舌淡苔薄，脉细弱，治宜益气养血。朱老治疗此证常用白术、党参益气健脾；白芍养阴柔肝；木香、佛手、香附芳香理气；茯苓、苡仁健脾。

患者孟某，男，43岁。初诊：腹胀便稀，头晕难寐，多梦扰，面色不泽，舌淡苔薄。拟调肝脾，助运化。拟方用：炒白术9克，西党参12克，广木香6克，佛手片6克，白芍9克，制香附9克，炒苡仁12克，合欢皮9克，茯苓10克，炒鸡内金9克，炒谷芽9克，7剂。二诊：药后腹胀较舒，稀便改善，略为见燥，纳食稍增；夜寐比前较安，仍多梦扰，面色萎黄，舌淡，脉细弦。从原法损益治之。拟方用：西党参12克，炒白术9克，茯苓9克，白芍9克，佛手片9克，炒当归9克，杞子9克，甘菊花6克，夜交藤12克，广木香6克，香附9克，炒谷芽9克，炒神曲9克，7剂。三诊：服药7剂后，大便时干时稀，次数正常，少腹发胀，头晕口苦，梦多，下肢发软，苔腻脉弦。拟疏

① 朱古亭. 朱古亭临证录[M]. 杭州：浙江科学技术出版社，1992：70.

肝理脾和络之法。拟方用：竹茹10克，陈皮6克，茯苓12克，姜半夏6克，制香附9克，川楝子9克，生苡仁12克，藿香9克，佩兰9克，炒神曲10克，香砂六君丸12克（包煎），7剂。四诊：服药7剂后，大便成条形，腹胀渐消，舌之腻苔见退，唯脉来仍有弦象，肝木颇旺。予疏化法。拟方用：白芍9克，制香附9克，茯苓9克，西党参10克，炒白术9克，生苡仁12克，炒谷芽9克，郁金6克，桑寄生9克，川楝子6克，7剂①。

患者周某，男，39岁。初诊：腹胀纳呆，大便溏稀，头晕艰寐。舌胖苔薄。治拟疏化。拟方用：制苍术9克，炒苡仁12克，广木香6克，茯苓9克，制香附9克，益智仁9克，白芍9克，栀子9克，合欢皮9克，香砂六君丸12克（包煎），7剂②。

患者张某，男，49岁。初诊：肠鸣腹痛，大便薄溏，舌中厚腻，治以和中调气，芳香化浊。拟方用：藿香9克，佩兰9克，制苍术9克，制川朴6克，茯苓9克，陈皮6克，姜半夏6克，炒苡仁12克，炒防风5克，白芍9克，广木香6克，10剂③。

按：患者孟某、周某，为脾虚肝旺，健运功能衰弱，气血不足，故面白舌淡；肝脾失调，故腹胀、便溏；心肝失养，故头晕少寐。治以调理肝脾为主，方用香砂六君加减，加当归、白芍养血；川楝子、香附疏肝解郁；夜交藤、合欢皮安神宁心。患者张某同属肝脾不调之证，但湿偏重，故肠鸣腹痛之症更加明显，方用平胃散苦温燥湿健脾；痛泻要方调和肝脾。即使同证，症状不同，方药也应有所差别。

（十七）肝失疏泄，气滞停饮证

症见胃脘部不适，或胁痛，泛酸，苔腻，脉沉，治以疏肝和胃止痛。朱老治疗此证常用左金丸泻肝制酸；自制佛手散行气和胃止痛。

患者史某，男，27岁。初诊：胃痛发胀，时泛酸水，近来吐酸2次，吐血2次。苔薄腻，脉沉细。治以柔肝和胃，而涤饮邪。拟方用：淡吴萸3克，姜半夏6克，陈佛手9克，乌贼骨9克，浙贝母9克，制香附9克，延胡索6克，白芍9克，炙甘草4克，广木香6克，炒谷芽9克，炒神曲9克，丹参9克，香砂六君丸12克（包煎），15剂③。

按：本案患者肝失疏泄，导致肝胃失调，胃阳不足，饮停气滞，故时泛

---

① 朱古亭. 朱古亭临证录[M]. 杭州：浙江科学技术出版社，1992：70-71.

② 朱古亭. 朱古亭临证录[M]. 杭州：浙江科学技术出版社，1992：71.

③ 朱古亭. 朱古亭临证录[M]. 杭州：浙江科学技术出版社，1992：72.

酸、胃痛发胀；久病入络，络伤血溢，故吐血。药用佛手、香附、木香疏肝行气；乌贼骨、吴茱萸、半夏、延胡索制酸止痛；白芍柔肝；谷芽、神曲健胃；丹参通经止痛。

（十八）肝失条达，郁而化火证

症见胃脘疼痛，呕恶泛酸，舌红苔黄脉数，治宜清热降火，和中止呕。朱老治疗此证常用半夏泻心调和肝脾；左金和胃制酸止痛；小柴胡汤和解少阳；金铃子散疏肝止痛；越鞠丸行气解郁。

患者张某，女，23岁。初诊：胃部疼痛，呕吐酸苦黄涎，口苦咽干，时发时止，发时寒热遂起，苔黄脉数。拟清降和中。方用：黄连3克，淡吴萸1.5克，竹茹10克，黄芩4.5克，白芍9克，姜半夏6克，佛手片9克，天花粉10克，川楝子9克，延胡索9克，制香附9克，炒柴胡4.5克，越鞠丸12克（包煎），5剂[①]。

按：本案患者由于肝失条达，郁而化火，故口苦咽干、呕吐泛酸、胃痛；寒热往来，为少阳之证；苔黄脉数皆为热象。药用黄连、黄芩、吴茱萸、竹茹清热和胃；佛手、香附、柴胡疏肝和解少阳；加越鞠丸解气火之郁。

（十九）脾弱肝侮，风阳上扰证

症见头痛头晕，食欲不振，便溏，治宜健脾养血平肝。朱老治疗此证常用痛泻药方调和肝脾。

患者钱某，女，36岁。宿有头痛，时发时愈，乃血虚风阳上扰。近来饮食呆钝，大便稀烂，登圊腹痛。治以养血平肝，和中理脾。拟方用：钩藤9克，白芍9克，防风3克，炒白术9克，炒当归9克，石决明15克，白蒺藜6克，川朴花4克，陈皮4.5克，制香附9克，炒谷芽9克，炒鸡内金9克，7剂[②]。

按：本案患者为血虚风阳上扰，故头痛；肝强脾弱，故出现饮食呆钝、便溏、腹痛等症。药用石决明、白蒺藜、钩藤平肝熄风；当归、白芍养血；痛泻要方抑肝扶脾；香附理气；谷芽、鸡内金健脾和胃。

（二十）大肠湿热，传化失和证

症见腹痛，腹泻不爽，小便短赤，治宜清热利湿。朱老治疗此证常用马齿苋、黄连、银花清利湿热。

---

① 朱古亭. 朱古亭临证录[M]. 杭州：浙江科学技术出版社，1992：73.

② 朱古亭. 朱古亭临证录[M]. 杭州：浙江科学技术出版社，1992：74.

患者姜某，男，43岁，初诊：痢疾经治疗后，大便次数减，仍有黏液，腹微痛。宜清疏。拟方用：马齿苋9克，川黄连1.5克，广木香6克，银花炭9克，制川朴4.5克，白芍9克，炒谷芽9克，山楂炭9克，茯苓10克，5剂。复诊：服药5剂后，大便日行1次，黏液已消，腹亦不痛，唯有肠鸣，舌净脉平。拟清化和中。拟方用：炒白芍9克，炒白术9克，银花6克，制香附6克，炙甘草4克，陈皮5克，炒谷芽9克，马齿苋8克，香砂六君丸10克（包煎），7剂[①]。

按：本案患者为痢疾治疗后，痢疾乃湿热壅滞肠腑，导致气机传导失司。经治疗之后，余邪未清，故大便仍有黏液，腹微痛。方用香连丸加清热化湿药，复诊时前症已消，唯剩肠鸣，用香砂六君调理脾胃。

（二十一）脾阳不足，湿邪停留证

症见食少，腹痛腹胀，便溏，舌胖有齿痕，苔白滑，脉沉迟，治宜温阳止泻。朱老治疗此证常用藿香、佩兰、厚朴、半夏、茯苓燥湿健脾；益智仁、豆蔻温脾止泻。

患者陈某，女，27岁。胃纳不展，大便易溏，下肢发凉，经期腹痛，色淡不鲜，舌白厚腻，脉沉细。治以和中化浊，温运脾阳。方用：制苍术9克，藿香9克，佩兰9克，制川朴6克，炒谷芽10克，益智仁9克，肉豆蔻6克，茯苓10克，炒苡仁12克，炒鸡内金9克，7剂[②]。

按：本案患者脾阳不足，健运功能失常，湿浊停滞于内，故便溏；阳为湿遏，故下肢发凉，经期腹痛；苔白腻主湿。用燥湿温脾止泻药，加用鸡内金、谷芽健胃助运化。使脾运湿化，阳气通达。

（二十二）脾肾两虚，生化不足证

症见神疲乏力，腰膝酸软，肢肿，便溏，舌淡脉弱，治宜补脾养肾。朱老治疗此证常用狗脊、川续断、桑寄生、补骨脂益肾；党参、白术补脾。

患者汪某，女，24岁。头晕少寐，腰酸重坠，面浮肿，便薄溏。拟和脾益肾，养心涵肝。拟方用：狗脊9克，川续断9克，桑寄生9克，补骨脂9克，茯苓9克，炒白术9克，西党参12克，炒枣仁9克，沙白蒺藜各6克，杞子9克，白芍9克，10剂[③]。

---

① 朱古亭. 朱古亭临证录[M]. 杭州：浙江科学技术出版社，1992：75.

② 朱古亭. 朱古亭临证录[M]. 杭州：浙江科学技术出版社，1992：75-76.

③ 朱古亭. 朱古亭临证录[M]. 杭州：浙江科学技术出版社，1992：76.

按：本案患者由于脾肾两虚，故出现腰酸重坠、面肿便溏等症；头晕失眠，乃心肝两经症状，故加用丹参、白芍益血；蒺藜、杞子平肝；枣仁养心安神。

（二十三）湿热伤阴，液涸风动证

症见腹痛腹泻，身热口渴，舌红苔黄，脉数，治宜滋阴清利湿热。朱老治疗此证常用黄连、黄芩、银花、马齿苋、椿根皮清热燥湿。

患者陈某，女，32岁。腹痛便泻，所下深黄水分，带有黏液，日行十余次，病已近旬，身热口渴。苔黄腻质绛，且有剥痕，脉弦数。神志似清非清，手指有痉挛妄动之势，拟滋阴清热解毒。拟方用：黄连3克，黄芩9克，生白芍15克，鲜石斛20克，银花30克，椿根皮12克，马齿苋30克，连翘12克，羚羊角3克（冲服），生甘草4克，神犀丹2粒（打碎，分2次用），浓煎频灌1剂[①]。

按：本案患者因湿热毒邪蕴结肠胃，热迫下注，故腹痛而泻，泻深黄色水液粪便；里热炽盛，故身热，口渴，脉弦数，苔黄质绛；热邪波及营分，肝肾阴液受伤，筋脉失养，故神志似清非清，手指痉挛妄动。药用清热解毒利湿，加白芍养阴柔肝；鲜石斛滋阴生津、止渴除烦；羚牛角镇肝熄风；神犀丹清营分热毒。

（二十四）中气虚弱，健运未复证

症见神疲纳呆，肢软，舌淡苔白，脉细弱，治宜补中调脾和胃。朱老治疗此证常用六君子汤加减益气健脾。

患者倪某，女，70岁。初诊：吐泻之后，神疲肢软，纳呆苔腻。治拟健胃和脾。方用：炒白术9克，茯苓9克，广木香6克，西党参12克，藿香9克，佩兰9克，制川朴6克，姜半夏5克，炒谷芽9克，炒神曲10克，7剂。复诊：腻苔已化，胃纳渐开。拟六君法调理。方用：姜半夏5克，陈皮5克，西党参12克，云茯苓9克，炒白术9克，炙甘草4克，砂仁3克，制香附9克，苡仁10克，炒谷芽10克，7剂[②]。

按：本案患者为脾胃功能失常之证。气机升降失常，故吐泻；吐泻之后，脾胃受其所伤，健运功能未复，故以六君法为主，加减出入，药用白术、茯苓健脾；谷芽、神曲健胃；党参补气；藿香、佩兰和中。

① 朱古亭. 朱古亭临证录[M]. 杭州：浙江科学技术出版社，1992：79.

② 朱古亭. 朱古亭临证录[M]. 杭州：浙江科学技术出版社，1992：80.

（二十五）余邪未清，胃阴受耗证

症见胃部隐痛，口干咽燥，大便干结，舌红少苔，脉细数，治宜养阴清热，益胃生津。朱老治疗此证常用谷芽、鸡内金、神曲健脾益胃；沙参、麦冬滋阴清热。

患者朱某，男，92岁。初诊：初由感邪发热，经治疗后，热虽退舍，而余邪未清，每天尚有短暂低热，诊脉有弦数之象，宿有胃病，今经热扰之后，胃阴有所戕伤，故舌质偏红，扪之尚有津润；食欲不展；矢气则舒，大便或有不实，拟养胃和中，助其运化。拟方用：佛手片6克，白芍9克，天花粉9克，炒谷芽10克，炒鸡内金9克，茯苓9克，金石斛10克，北沙参12克，炒神曲10克，麦冬9克，炙甘草3克，5剂。二诊：胃纳较展，低热时间短暂。舌质偏红，扪之根部尚润。大便不爽，约两天1次。治法仍以养胃滋阴。方用：麦冬9克，金石斛12克，北沙参15克，生地12克，玉竹12克，生甘草4克，炒谷芽10克，炒神曲10克，白芍9克，佛手片6克，5剂。三诊：服药以来，精神、胃纳明显进步，大便正常，脘腹亦舒。舌质红色较淡，扪之潮润，是佳象也。宜养阴益气，健运脾胃。拟方用：麦冬10克，西党参12克，玉竹10克，炒谷芽10克，炙甘草6克，佛手片5克，茯苓9克，白芍9克，川石斛10克，炒神曲10克，7剂[①]。

按：患者为九二高龄，形体不衰，语声洪亮，本是寿征，曾患胃病，经和中调气而安，数年未见复发。近因感邪化热，治疗后，尚有余热未尽，故脉弦数；热扰之后，胃阴受耗，故舌质偏红，食欲不开；脾运不健，传导失和，故大便溏结不定，排气则松。“脾病得后与气，则快然如衰也”。方用参、麦、石斛、花粉养胃滋阴；谷芽、鸡金、神曲健胃以助运化；白芍、甘草、佛手养阴柔肝，调和中气；玉竹平补；吴瑭以参、麦、玉竹等清养胃阴，立“益胃汤”，用于热病后，胃阴不足之证，颇为相宜。

（二十六）脾肾两盛，阳气不化证

症见肢体浮肿，腰膝酸软，小便短少，脉弱，治宜补脾益肾温阳。朱老认为治疗此证需肺脾肾同治，药用浙贝、紫菀、杏仁润肺；桑寄生益肾；茯苓补脾。

患者张某，女，48岁。初诊：面足浮肿，腰部酸痛，小便较少。近夹感

① 朱古亭. 朱古亭临证录[M]. 杭州：浙江科学技术出版社，1992：86.

邪，肺失宣降，咳嗽少痰。本虚标实，治当兼顾。拟方用：浙贝母9克，炙紫菀9克，杏仁6克，薄橘红4.5克，茯苓10克，泽泻9克，生苡仁10克，桑寄生9克，炒狗脊9克，怀山药10克，陈蒲壳20克，7剂。二诊：咳嗽见稀，肿亦稍退，腰仍酸痛。再依原意加减治之。拟方用：川续断9克，炒狗脊9克，补骨脂9克，怀山药9克，炒白术9克，陈皮4.5克，茯苓10克，生苡仁10克，浙贝母9克，炙紫菀6克，炒谷芽10克，7剂。三诊：肿咳已退，腰酸未愈。宜益肾法。拟方用：杜仲9克，补骨脂9克，川续断9克，狗脊9克，熟地12克，杞子9克，茯苓9克，鸡血藤12克，炒当归9克，7剂①。

按：本案患者属脾肾两虚之证。脾虚湿滞则为肿，肾虚络痹则腰酸。因夹感邪为咳，初诊治法以宣肺止咳为主，佐以益脾肾渗湿退肿。至三诊肿咳退，腰酸未已，用药偏重补肾，先祛邪，后补正之治法。

沈浪泳曾撰文总结朱老治疗脾胃病的经验，指出朱老治脾胃病用药非常平稳。因为脾胃同居中焦，以膜相连，二者在生理功能上联系密切，相反相成，如脾为脏属阴，胃为腑属阳；脾主升清，胃主降浊，脾喜燥恶湿，胃喜润恶燥，用药遣方，必须时时顾及脾胃升降、燥湿、寒热的平衡。朱老治疗脾胃病的证候不外虚、实两大类。虚者，主要是脾胃阴阳气血不足，可分为脾胃虚弱、胃阴不足、胃阳亏损、脾胃虚寒等。实者，主要是气滞、饮食所伤等，可分为肝气犯胃、肝胃郁热、饮食伤胃、瘀血停滞等。辨证时应先辨清虚实，对证用药。然而不论虚证、实证，胃病的关键是气滞，治疗应以行气和胃为主要治法，再针对不同病机，分别参以消食、泻热、化湿、祛瘀、扶正等法②。

第三节　治心肝病经验

朱老治疗心、肝疾病用药以滋养为主，且自制柴胡郁金汤治疗胆囊炎，遣方稳重有序。其医案不论时长皆详尽记录，理智分析，值得我们思考学习。据《朱古亭临证录》，朱老治疗心、肝病的医案可分为以下四十种证型。

（一）肝阳化风，痰蔽心窍证

症见头晕目眩，神志不清，舌红苔白或腻，脉弦，治宜平肝熄风，清热化痰。朱老治疗此证常用紫雪丹清热解毒开窍；贝母、半夏、天竺黄清热化

① 朱古亭. 朱古亭临证录[M]. 杭州：浙江科学技术出版社，1992：92.

② 沈浪泳，王海舜. 朱古亭教授诊治胃脘痛的经验[J]. 浙江中医学院学报，1993（6）：29-30.

痰；钩藤、远志、石决明、羚羊角平肝熄风。

患者沙某，男，64岁。神志障碍，左肢偏废，喉中痰鸣，气升火浮，面有热色，手指有妄动之势，大便虽得下行，间或呃逆，体温降而复升。苔薄腻，脉弦数。拟平肝熄风，清热化痰，而宣窍络。方用：川贝母9克，竹沥夏6克，麦冬10克，钩藤10克，石决明30克，天竺黄9克，远志4.5克，白芍9克，竹茹12克，柿蒂5个，羚羊角片4.5克，紫雪丹3克，石菖蒲4.5克，浓煎鼻饲，1剂①。

按：本案患者平素有高血压史，年高体弱，突然发作，乃肝阳化火生风，灼津成痰，痰蒙清窍，故神志不清；横窜经络，故左肢偏废；痰热蕴于肺胃，故痰鸣呃逆；肝火旺盛，故脉弦数，面有热色。因患者有肺胃热症，加竹茹清热；白芍柔肝；柿蒂和胃止呃。

（二）气虚血瘀，心脉痹阻证

症见心悸怔忡，胸闷心痛，有时痛引肩背内臂，苔白腻，脉沉滑，治宜益气养血，化瘀止痛。朱老治疗此证常用四君子益气；丹参、赤芍、当归活血。

患者包某，女，74岁。初诊：数日前忽然胸中懋闷，胸痛彻背，臂之内侧及小指端，亦有酸痛之感。食欲减退，神困乏力。舌淡苔薄黄，脉软弱。拟益气活血，宣痹养心。拟方用：西党参15克，炙甘草5克，瓜蒌皮9克，丹参12克，炒当归9克，砂仁3克，蔻仁3克，赤芍9克，茯苓10克，广木香6克，柏子仁9克，炒谷芽10克，炒神曲10克，7剂。复诊：胸闷较舒，食欲略展，精神较前好转，脉仍较软弱，守原法益气养营。方用：西党参15克，炙甘草6克，广木香6克，茯苓9克，炒当归9克，柏子仁9克，丹参12克，炙黄芪12克，炒谷芽10克，炒白术9克，陈皮5克，7剂②。

按：本案患者年老体弱，平素清瘦，本就气血生化不足，气虚则血流不畅，心脉痹阻，故为胸痛；手少阴之脉循臂内，故臂内侧痛引小指端；纳差神困，脉象软弱，故用四君益气；丹参、当归、赤芍活血行瘀，流畅血脉；砂、蔻、木香宣行气机；柏子、茯苓养心安神；谷芽、神曲和中进食。诸药相合，使气血得生，祛瘀行痹。

① 朱古亭.朱古亭临证录[M].杭州：浙江科学技术出版社，1992：81.

② 朱古亭.朱古亭临证录[M].杭州：浙江科学技术出版社，1992：81-82.

（三）心气不足，肝胃失调证

症见胸闷，寐浅梦多，胃部不舒，舌淡脉弱，治宜益气养心，调和肝脾。朱老认为此证应肝心同治，顾护胃气。

患者王某，男，51岁。胸中憋闷，嗳气，夜寐多梦，胃部常有不舒。脉细弱，舌质淡。养心益气，疏调肝胃以治。拟方用：西党参15克，炒当归9克，丹参12克，柏子仁9克，广木香6克，炙甘草6克，茯苓10克，陈皮5克，制香附9克，郁金6克，远志4.5克，麦冬9克，炒白术9克，7剂[①]。

按：本案患者属心气不足，肝胃失调之证。心气虚，中气不足，胸中气机不畅，故胸中憋闷；心气耗伤，故失眠；肝气犯胃，故常感胃部不适，气逆作嗳。朱老用四君益气为主，当归、丹参、柏子、远志、麦冬活血养心；木香、陈皮、郁金调肝和胃而展气机，气血调和则诸证可愈。

（四）阴虚阳亢，冲脉不固证

症见潮热盗汗，五心烦热，消瘦，舌红脉数，治宜滋阴潜阳，调理冲任。朱老治疗此证常用桑寄生益肝肾；鸡血藤、夜交藤、钩藤平肝；甘菊、浮小麦清热。

患者杨某，女，45岁，初诊：阵热出汗，头晕而痛，腰酸肢麻；月经紊乱，或停而不行。治宜养阴潜阳，调理冲任。拟方用：桑寄生9克，鸡血藤10克，夜交藤15克，杞子9克，甘菊花6克，钩藤9克，石决明20克，浮小麦15克，竹茹10克，茯苓10克，炒谷芽10克，炒鸡内金9克，制香附9克，藿香9克，佩兰9克，10剂。复诊：服药10剂后，经服药后，症状逐渐改善，阵热消除。近半月来，头痛腹痛，腰部及下肢酸楚，纳食减退，时易烦躁，神疲困倦。拟养阴平肝，疏调气机。拟方用：杞子9克，甘菊花6克，石决明20克，钩藤9克，桑寄生9克，夜交藤15克，川续断9克，制香附9克，炒延胡索8克，炒谷芽10克，炒神曲10克，白芍9克，川楝子9克，10剂[②]。

按：本案患者为肾阴不足，水不涵木，风阳上扰，故头晕而痛；虚火内燔，故阵热出汗；冲任脉虚，故月经紊乱或停而不至；肾虚筋骨失养，故腰酸肢麻。初诊进养阴平肝潜阳之剂后，症状明显改善，阵热已除。后又出现头痛、腹痛、烦躁易怒，为肝阳上亢所致；肝气内郁，故腹痛。仍用杞

① 朱古亭. 朱古亭临证录[M]. 杭州：浙江科学技术出版社，1992：82.

② 朱古亭. 朱古亭临证录[M]. 杭州：浙江科学技术出版社，1992：83.

子、白芍以养肝阴，菊花、钩藤、石决明、夜交藤平肝潜阳，安神除烦；桑寄生、川断补肝肾，强腰膝；延胡索、香附、川楝子理气止痛；谷芽、鸡内金健胃。

（五）外邪侵肺，痰热伤津证

外邪侵袭，本为肺胃之证，主要表现为咳嗽咳痰等症；年高患者，风阳易升，稍有不当，出现眩晕等症。朱老治疗此类病证讲究对症治之。

患者姜某，男，77岁。初诊：感受外邪，身热咳嗽，痰滞下爽，舌绛苔灰而燥，扪之无津，且食欲不开，精力疲困。拟清肺胃以化痰，佐甘寒以生津，使津回舌润，痰出松爽为佳。拟方用：川贝母、浙贝母各6克，瓜蒌皮9克，炙紫菀9克，枇杷叶9克，天麦冬各9克，苏子9克，北沙参9克，生地12克，鲜石斛15克，炒谷芽9克，降香片3克，生甘草4克，茯苓10克，5剂。二诊：甘寒生津，清肺化痰之方服后，舌之灰苔渐化，扪之有津，略能进食，唯咳嗽尚存，再予清肺化痰养胃为治。前方去天麦冬、生地，加桑白皮9克、冬瓜子12克、佛耳草9克，5剂。三诊：病将退舍，因起床活动之后，风阳陡升，突然眩晕欲烦，目瞑难开，但较往昔稍有缓和，脉亦和缓，咳嗽减少。再拟养阴平肝，风阳潜降则安。拟方用：灵磁石15克，珍珠母15克，滁菊花6克，沙白蒺藜各6克，白芍9克，明天麻6克，姜半夏5克，桑椹子10克，钩藤9克，茯苓10克，炒谷芽10克，5剂。四诊：服药5剂后，眩晕减轻，能起坐活动，心烦已除，咳嗽消失，唯胃纳不馨，进食尚少。以平肝健胃为治。上方去灵磁石、姜半夏、珍珠母，加炒鸡内金9克、炒麦芽10克、北沙参12克，5剂①。

按：本案患者初感邪化热蒸痰，故身热咳嗽；津液渐为热灼所伤，故舌绛苔灰干燥，扪之少津；幸得热度已退，用清肺化痰、甘寒生津之品。盖因热病以津液为前提，用药以甘寒为要。服药后渐得津回舌润，略能进食，咳嗽犹未消除，故原方加桑白皮、冬瓜子、佛耳草清肺止咳。患者素有头晕病，应卧床休息，因过早起床活动，风阳陡升、突然眩晕欲烦，瞑目难开。方用灵磁石、石决明重镇潜阳；天麻、钩藤、菊花、蒺藜平肝熄风；白芍、桑椹养阴柔肝明目；半夏和胃止呕。服药后眩晕减轻，心烦已除，而胃纳尚少，故原方去灵磁石、石决明等重镇药，加麦芽、鸡内金健胃，北沙参养阴益气，为调理药也。

---

① 朱古亭. 朱古亭临证录[M]. 杭州：浙江科学技术出版社，1992：84.

（六）心脾两虚，血少生化证

症见心悸怔忡，失眠多梦，头晕，纳少，舌淡，脉细弱，治宜补益心脾，益气生血。朱老治疗此证常用归脾汤健脾养心。

患者钱某，女，52岁。初诊：怔忡时作，夜寐欠安；脘腹不舒，大便糜烂。脉两手细弱，舌质胖少苔。宜调养心脾，和胃畅中。拟方用：西党参15克，炒枣仁10克，茯苓10克，龙齿15克，佛手片9克，炒当归9克，远志4.5克，广木香6克，丹参9克，炒谷芽10克，香砂六君丸12克（包煎），7剂。复诊：怔忡减少，夜寐较宁，胃部已舒。脉仍细弱，舌有薄苔。再拟养心益脾，巩固疗效。拟方用：西党参15克，炒白术9克，陈皮5克，炒当归9克，炙甘草4克，茯苓10克，丹参9克，炒白芍9克，制香附9克，炒谷芽10克，炒枣仁9克，7剂。乃心脾两亏，运化不健，中气失调①。

按：本案患者素体虚弱，心气不足，故怔忡时作，夜寐欠安；脘腹不舒，大便常烂者，为脾胃病；气虚血少，故脉细弱，舌胖少苔；药用党参、当归益气健脾；枣仁、远志宁心安神；谷芽、香砂六君健胃，诸药合用，起到补养心脾、和中调气之功。

（七）心阴不足，肝胃不调证

症见心烦心悸、失眠，盗汗、胃脘部不适等症，舌红少津，脉细数，治宜滋养心阴，调和肝脾。朱老认为心阴不足，子病及母，肝失疏泄，当心肝同治。

患者陈某，女，36岁。初诊：胃部不舒，胁间隐痛，喉中如有气上冲，频作噫气；寐欠宁，多梦扰，低热，胸有重压感，脉细弦，舌偏红。拟调肝和胃，养阴宁心。拟方用：郁金6克，制香附9克，旋覆花4.5克，代赭石15克，柏子仁9克，麦冬10克，佛手片6克，丹参9克，炙甘草5克，生地12克，枣仁9克，7剂。复诊：药后喉中冲气渐消，寐况改善，仍有噫气，低热亦退。脉舌如前。肝胃尚欠和谐，阴虚未复。再拟疏养。拟方用：麦冬10克，旋覆梗6克，代赭石15克，生地12克，白芍9克，丹参9克，北沙参12克，夜交藤12克，绿梅花3克，制香附6克，生谷麦芽各5克，7剂②。

按：本案患者为心阴不足，肝胃失调之证。肝之升气不畅，胃之和降失调，疏泄不利，脉络不通，故肠间隐痛，喉间有气上冲；心阴虚，故夜寐不

① 朱古亭. 朱古亭临证录[M]. 杭州：浙江科学技术出版社，1992：85.

② 朱古亭. 朱古亭临证录[M]. 杭州：浙江科学技术出版社，1992：87.

宁、多梦扰，并有低热，合之舌质偏红。药用郁金、佛手、香附疏肝解郁，和胃理气；旋覆梗、代赫石重镇降逆；生地、丹参、麦冬养阴清心；枣仁宁心安神。全方具有疏肝和胃，养阴宁心之功。服药后症状有所改善，故守原法继进。

（八）肾阴不足，肝阳上亢证

症见头晕头胀，腰膝酸软，舌红少津，脉弦或数，治宜滋阴潜阳。朱老治疗此证常用滋阴清火丸、龙骨、牡蛎、石决明重镇潜阳安神；丹参、麦冬、白芍养阴活血清心。

患者邬某，女，48岁。初诊：烘热不时，头胀而痛，心悸不宁，夜寐多梦，肩背筋抽，脉弦苔薄。治拟养阴潜阳，宁心安神。拟方用：龙骨15克，牡蛎15克，珍珠母20克，白芍9克，桑寄生10克，夜交藤15克，甘菊花6克，女贞子12克，麦冬10克，豨莶草10克，丹参9克，郁金9克，10剂。二诊：头痛胀减轻，夜寐稍宁，肩背筋脉较舒，唯烘热仍作。再用原法加减以治。拟方用：龙骨15克，牡蛎15克，白芍9克，细生地12克，甘菊花6克，夜交藤12克，桑寄生9克，女贞子10克，麦冬10克，知母9克，黄柏4.5克，炒谷芽9克，杞菊地黄丸12克（包煎），15剂。三诊：诸恙均安，唯烘热未除，但阵发次数见少。以滋阴清火丸缓缓调治。知柏地黄丸30克，每次9克，每日2次[①]。

按：本案患者因肾阴亏虚，阴不制阳，虚火时升，故时作烘热，头痛少寐。药用滋阴养阴、平肝潜阳。加女贞子养肝肾，益血补虚；豨莶草、桑寄生、夜交藤舒和筋络；郁金芳香解郁以调肝。复诊症状有所改善，故以知柏地黄丸加减，滋阴清热。

（九）阴盛阳升，脾运不健证

症见头晕，头面部烘热汗出，食欲不振，便溏，舌淡脉细，治宜健脾平肝潜阳。朱老认为肾水不足，肝木少涵，则风阳易升，常用大补阴丸滋阴降火。

患者许某，女，50岁。初诊：头晕目眩，烘热出汗，夜寐欠宁，口淡乏味，大便易溏，神倦嗜睡。脉细舌淡。益肾而平肝阳，补脾而助运化。拟方用：炒白术9克，炒苡仁10克，广木香6克，杞子9克，白芍9克，滁菊花6克，龙骨、牡蛎各15克，西党参12克，炒谷芽10克，茯苓10克，香砂六君丸

① 朱古亭. 朱古亭临证录[M]. 杭州：浙江科学技术出版社，1992：88.

15克（包煎），生地12克，7剂。二诊：服药以来，头晕减轻，烘热依然，寐况略见改善，纳渐展，大便亦成条状。脉舌如前。原意加减继进。方用：白芍9克，龙骨15克，牡蛎15克，西党参12克，茯苓9克，女贞子10克，苡仁10克，杞子9克，滁菊花5克，炒谷芽10克，炒当归9克，丹参9克，大补阴丸、香砂六君丸各12克（包煎），10剂。三诊：诸恙均得改善，烘热出汗仍未消失，此乃阴虚阳亢所致，改用丸剂，缓以图治。大补阴丸300克，每次9克，每日3次，继续服1个月①。

按：本案患者也属阴虚阳亢、虚火上升之证，烘热出汗，寐差，即"更年期综合征"，为肾阴不足所致；脾运失常，故口淡乏力，便溏。药用龙骨、牡蛎重镇潜阳；白术、苡仁健脾；白芍滋阴；大补阴丸滋肾阴、清虚火，使阴充阳潜，虚火得平则愈。

（十）阴血不足，风阳上扰证

症见面色无华，手足麻木，失眠头晕，治宜养血平肝。朱老治疗此证常因血虚风扰，当用养血平肝之品。

患者王某，女，56岁，初诊：右偏头痛，痛如筋掣。治宜养血平肝。拟方用：炒当归9克，白芍9克，夏枯草12克，桑叶9克，石决明20克，明天麻6克，钩藤9克，甘菊花6克，女贞子10克，丹参9克，炒谷芽10克，7剂。二诊：药后头痛减轻，筋掣亦和，胃纳略增，心病未见发作。但感疲劳，脉细数，舌根黄腻，中间有光剥之形。再依原法加减，以养血平肝。拟方用：桑椹子15克，夏枯草12克，炒当归9克，珍珠母20克，白芍9克，滁菊花6克，杞子9克，大生地12克，女贞子10克，白蒺藜6克，7剂。三诊：头痛减轻，但觉昏晕，夜寐欠安，胃部不舒，小便亦欠舒和。再拟益肾涵肝，兼和胃气。拟方用：桑椹子15克，女贞子10克，制香附9克，川楝子9克，白芍9克，甘菊花6克，石决明20克，佛手片6克，夜交藤15克，合欢皮9克，生甘草5克，白茅根12克，7剂。四诊：头痛已止，而夜寐欠安，时有心悸。舌中光剥，心胃之阴不足。再拟养阴宁心。拟方用：麦冬9克，百合15克，辰茯苓9克，夜交藤15克，丹参12克，玄参9克，酸枣仁12克，五味子3克，细生地12克，7剂②。

按：本案患者素有头痛、心悸，为心肝两脏疾患。其平素血虚，肝木少涵，风阳上升，为头痛根源；血虚则心失所养，神不内守，为心病根源。以

① 朱古亭. 朱古亭临证录[M]. 杭州：浙江科学技术出版社，1992：89.

② 朱古亭. 朱古亭临证录[M]. 杭州：浙江科学技术出版社，1992：89-90.

肝藏血，心主血，肝主风，心藏神，肝病则风动阳升，心病则神不内藏，故头痛、心悸、不寐之所由生也。初诊头痛症状显著，用当归、白芍养血，所谓“治风先治血，血行风自灭”；夏枯草、钩藤、天麻、菊花、桑叶、石决明等皆平肝熄风之品。药后头痛减轻，但胃部不舒，小便亦欠舒和，乃肝失疏泄见端，故用香附、佛手、川楝子、茅根疏肝和胃而利小便。肝病既除，心病又起，故夜寐欠安，心悸不宁，脉细数，舌中光剥，心胃阴虚，用天王补心丹加减，养阴宁心安神为治。

（十一）郁怒动肝，肝气横逆证

症见急躁易怒，胸胁胀痛，头痛头晕，苔薄脉弦数，治宜疏肝解郁。朱老治疗此证善用丹栀逍遥散畅调气机。

患者陈某，女，67岁。郁怒伤肝，肝气横逆，胸闷头痛纳呆，体大热，脉弦苔薄。治拟疏肝调气，使气机调畅则安。拟方用：沙柴胡4.5克，丹皮6克，炒山栀9克，郁金9克，制香附9克，白芍9克，茯苓9克，瓜蒌皮9克，炒谷芽10克，甘菊花6克，石决明20克，白蒺藜6克，7剂①。

按：本案患者因暴怒之后，引起肝气横逆，肝失疏泄，故胸闷、头晕。药用柴胡、郁金、香附疏肝行气；白芍柔肝；瓜蒌、甘菊清热。

（十二）肾精不足，痰浊内阻证

症见头晕耳鸣耳聋，腰膝酸软，苔腻脉细弱，治宜补益心气。朱老认为此证虽有他脏之症，但究属心气不足，肾精亏虚所致，故而应以养心为主。

患者张某，男，73岁。初诊：两耳蒙聋，胃部不舒，舌苔厚腻，脉细弱有间歇。治以益气养心，而化痰浊。拟方用：藿香9克，佩兰9克，石菖蒲6克，佛手片9克，丹参9克，炙桂枝3克，杞子9克，茯苓10克，姜半夏5克，炒当归9克，西党参12克，灵磁石15克，香砂六君丸12克（包煎），7剂。复诊：胃部较舒，纳食略展，腻苔见薄，仍有耳鸣耳聋，脉细犹有间歇。拟养心益肾，和中化浊之剂。原方加清炙黄芪12克、炒谷芽10克，7剂②。

按：本案患者以心肾不足为本，痰浊内阻为标。老年心气不足，肾精亏虚，痰浊内阻清窍不利。心主血脉，心气不足，气虚血少血脉不充，故脉细有间歇；肾开窍于耳，肾精不足不能上滋清窍，故为耳鸣耳聋，苔厚腻；胃部不舒，乃湿浊中阻，胃气不能舒展。方用藿香、佩兰、半夏、茯苓芳香

① 朱古亭. 朱古亭临证录[M]. 杭州：浙江科学技术出版社，1992：91.

② 朱古亭. 朱古亭临证录[M]. 杭州：浙江科学技术出版社，1992：92-93.

和胃化湿；党参益气，丹参、当归和血；桂枝温和血脉之气；菖蒲芳香化浊、宣通清窍；杞子补益肝肾；灵磁石摄肾气潜虚阳；香砂六君和脾胃，调中气。

（十三）营阴不足，心肝失养证

症见心悸，多梦，头晕目眩，脉弱，治宜养阴平肝宁心。朱老认为营阴不足，易致阳亢肝风化火之象，常用玄参、麦冬等滋阴为治。

患者韩某，女，35岁。初诊：头晕烘热，火升面红，上肢出汗，心悸易惊，胸闷太息，烦躁易怒，筋脉抽搐，脉小弦，舌偏红。治拟养阴潜阳，和络宁心。拟方用：龙骨20克，牡蛎20克，丹参12克，钩藤9克，麦冬10克，玄参12克，白芍9克，夜交藤15克，滁菊花6克，降香6克，生甘草5克，淮小麦15克，生地12克，百合12克，7剂。二诊：药后头晕烘热减轻，胸中略感舒展，惊悸稍见安定，唯阵阵面热，汗出齐颈而还。再拟滋阴潜阳为法。拟方用：龙骨20克，牡蛎20克，玄参12克，麦冬10克，生地12克，滁菊花6克，杞子9克，黄柏4克，龟板15克，白芍9克，淮小麦12克，生甘草5克，7剂。三诊：烘热汗出渐退，惊悸亦安，寐则多梦，舌红色见淡。仍用滋阴法，使阴阳和洽。改汤为丸，以冀巩固。大补阴丸300克，每日3次，每次9克①。

按：本案患者因肾阴不足，心肝之火偏亢，故头晕烘热，面红出汗，惊悸烦躁，胸闷诸证相继而至。筋脉有时抽搐，为肝风内动之象。故治法着重滋阴潜阳，使阴充阳潜，则诸证自愈。方中龟板、生地、玄参、麦冬、杞子、白芍滋补肝肾之阴；龙骨、牡蛎重镇潜阳；钩藤、菊花平肝熄风；丹参、降香活血理气；黄柏苦寒以清虚火。前后两方根据大补阴丸、百合地黄汤、甘麦大枣汤等加减互用，症状逐渐改善。

（十四）水亏木旺，肠液失润证

症见头晕耳鸣，大便困难，治宜益肾平肝滋阴。朱老认为肝肾亏者，精气不能上承，常用桑椹子、山萸肉等补肝益肾生津。

患者陈某，男，70岁。头晕耳鸣眼花，卫阳不足，时时畏寒怕冷，大便难。拟方用：杞子9克，甘菊花6克，白芍9克，女贞子10克，生首乌10克，桑椹子15克，山萸肉9克，生黄芪15克，细生地15克，麦冬10克，石决明20

① 朱古亭. 朱古亭临证录[M]. 杭州：浙江科学技术出版社，1992：93-94.

克，茯苓9克，陈皮5克，炒谷芽10克，10剂[①]。

按： 本案为老年患者，脏腑功能衰退，肾精亏损，故耳鸣眼花；卫阳不足，故形寒畏冷；肠道津液不足，故大便困难。宜滋补肝肾之药，滋养阴液，而润肠道。此虚者补之，燥者濡之之法也。

（十五）阴血不足，风阳升动证

症见心悸胸闷，失眠多梦，头晕目眩，舌淡苔少，脉虚弱，治宜养血宁心。朱老认为肝血不足，易血虚生风，常用当归、白芍滋阴养血。

患者徐某，男，43岁。初诊：心悸时作，胸闷气窒，夜寐多梦，手指震颤，近发头晕，晕甚而厥。脉细弱，舌淡少苔。治当益气血，以熄风阳。拟方用：西党参12克，炙黄芪12克，丹参9克，炒当归9克，白芍9克，钩藤9克，明天麻6克，滁菊花6克，降香6克，龙骨15克，砂仁15克，蔻仁15克，杞子9克，7剂。二诊：服药后头晕较轻，胸中气窒略爽，时欲太息，而震颤已定，寐仍梦多。脉舌如前。再拟补气养营，略参芳香开郁。拟方用：炙黄芪15克，西党参15克，炒当归9克，炒白芍9克，郁金6克，广木香6克，丹参9克，茯神10克，远志6克，杞子9克，甘菊花5克，炒谷芽9克，7剂。三诊：头晕渐止，胸中爽快，胃纳亦展，唯神疲乏力，寐中多梦纷纭，气营不足，心神失养。宜益气养心。拟方用：丹参15克，炙黄芪15克，当归9克，白芍9克，远志4.5克，辰茯苓9克，柏子仁9克，姜半夏5克，佛手片6克，西党参15克，炙甘草5克，7剂[②]。

按： 本案患者为肝血不足，风阳升动之证。心主血脉，血虚不能养心，故心悸；阳气虚衰，不能温养心脉，心阳不振，而心悸不安，舌淡、脉细，是其征也。眩晕谓眼花头晕，转旋不定，重则可以昏倒，多因肝风内动而致，加以手指震颤，其为肝血不足，血虚生风之象。方中党参、黄芪益气；当归、白芍、丹参养血；杞子、菊花养肝阴；钩藤、天麻熄肝风；降香、砂仁、蔻仁开郁宣气；复诊寐中多梦，乃心失所养，神不收藏；而头晕已止，故去钩藤、菊花、天麻之平肝熄风，加远志、柏子仁、茯神以养心安神。

① 朱古亭. 朱古亭临证录[M]. 杭州：浙江科学技术出版社，1992：94.

② 朱古亭. 朱古亭临证录[M]. 杭州：浙江科学技术出版社，1992：95.

（十六）肝失疏泄，冲任不调证

症见头痛头晕，耳鸣，月经不调，痛经，苔薄脉弦，治宜疏肝理气，调理冲任。朱老认为肝失疏泄，冲任失调，易致风阳上扰，胃降失司，用香附、橘核等理气药，加调经活血药。

患者胡某，女，20岁。初诊：头晕发胀，耳鸣泛呕，小腹痛，月经两个月未潮，腹中有气结瘕。脉细弦，苔薄腻。治拟平肝疏气，活血调冲。拟方用：制香附9克，延胡索6克，川楝子8克，当归9克，益母草12克，橘核10克，丹参9克，石决明20克，滁菊花5克，白芍9克，姜半夏5克，炒谷芽10克，7剂。复诊：药后月经来潮，有小血块，腹痛遂减，头晕亦轻。气血和畅，肝阳潜降。宜轻剂以和之。拟方用：制香附8克，白芍9克，炒当归9克，茺蔚子8克，炒谷芽9克，甘菊花5克，白蒺藜6克，川楝子8克，小生地10克，丹参8克，桑椹子10克，7剂①。

按：本案患者肝失疏泄，冲任失调，血脉瘀阻，故月经不调，小腹作痛；风阳上扰犯胃，则为头晕泛呕。方用香附、延胡索、川楝子、橘核疏肝理气；当归、白芍、丹参、益母草和血活血。气畅血行，月经自下，腹痛亦减，肝阳潜降，头晕亦轻，女性月事期间，宜轻剂调之，故改用养血理气平肝之剂。

（十七）营气不足，心肝失养证

症见心悸失眠，头晕，神疲乏力，治宜养心平肝。朱老认为气营不足引起的心肝失养之证，也应注意调补脾肾。

患者杨某，女，46岁。初诊：头晕耳鸣，心悸少眠，胃纳不振，神疲脉弱。治以滋益气营，养心平肝。拟方用：炙黄芪12克，西党参12克，炒当归9克，白芍9克，杞子9克，甘菊花6克，炒谷芽10克，柏子仁9克，丹参9克，茯神10克，石决明15克，炒神曲10克，7剂。二诊：睡眠改善，胃纳略增，头晕依然，耳鸣不作，脉仍细弱。再拟清养。拟方用：炒当归9克，白芍9克，西党参12克，茯神9克，杞子9克，甘菊花5克，炒谷芽10克，石决明15克，生黄芪12克，夜交藤12克，陈皮4.5克，7剂。三诊：头晕渐平，胃纳亦有进步。唯月经涩少，腰酸痛，大便稀。宜健脾益肾。拟方用：炒当归9克，炒白术9克，茯苓9克，桑寄生9克，益智仁9克，炒狗脊9克，炒苡仁10克，砂仁3克，制香附9克，杞子9克，炒谷芽9克，西党参12克，10剂②。

---

① 朱古亭. 朱古亭临证录[M]. 杭州：浙江科学技术出版社，1992：96.

② 朱古亭. 朱古亭临证录[M]. 杭州：浙江科学技术出版社，1992：96-97.

按：本案患者由于气营两虚，心肝失养，故出现头晕耳鸣，心悸少寐之里虚不足之证。方中党参、黄芪益气；丹参、当归、白芍养营；杞子、菊花、石决明以平肝阳；柏子仁、茯神养心安神；谷芽、神曲和中健胃。服药后症状次第改善，三诊时出现脾肾两虚症状，月经少，由于生化不足，冲海少源，腹无痛胀，非瘀滞也。四君加益智仁、砂仁、苡仁和中培脾；桑寄生、狗脊、杞子益肾强腰；当归、香附养血调经，应着重调补脾肾。

（十八）血不养肝，筋失柔和证

症见头晕，四肢发麻，拘挛，舌淡苔薄，脉细弱，治宜养血柔肝。朱老认为此证主要因血不养肝，导致风阳上扰，常用甘菊花平肝熄风。

患者徐某，女，21岁。初诊：头晕筋胀，项肩发酸，引及腰背，四肢发麻。脉细舌淡。治宜养血平肝。拟方用：桑寄生9克，鸡血藤12克，豨莶草9克，白芍9克，炒当归9克，杞子9克，制首乌9克，川芎6克，甘菊花6克，狗脊9克，独活4.5克，7剂。复诊：肩、背、腰部酸胀减轻，头晕较为稳定，胃纳欠佳。舌淡脉细。前方养血平肝，今加和中健胃。拟方用：西党参12克，炒谷芽10克，炒鸡内金9克，杞子9克，甘菊5克，桑寄生9克，炒当归9克，白芍9克，砂仁3克，陈皮5克，狗脊9克，7剂①。

按：本案患者头晕筋胀，脉细舌淡，为肝血不足，风阳升动，上扰清宫；肝主筋，筋失血濡，故项、肩、腰、背发酸，四肢发麻。故用当归、杞子、白芍、首乌养阴补血；桑寄生、鸡血藤、豨莶草、狗脊滋养肝肾，通络强腰；独活活络蠲痹；菊花平肝熄风。服药7剂，症状明显改善，从原法进服。唯胃纳减退，因生化少源，故加党参补脾胃；砂仁、陈皮、鸡内金、谷芽调中气而助运化。胃健纳充，气血自能生化。调补脾胃，则虚弱渐复。

（十九）肝郁脾弱，健运失常证

症见胸胁胀痛，腹胀，便溏，舌白苔薄，脉弦，治宜疏肝健脾。朱老治疗此证常用芳香理气药疏肝；合健脾燥湿药调和肝脾。

患者邵某，男，53岁。初诊：腹胀多矢气，大便不成条形，稀溏者多，右胁偶有隐痛。苔薄黄，脉细弦。肝郁脾弱，脾不健运，拟疏调法治之。拟方用：白芍9克，炒白术9克，制香附9克，广木香8克，制川朴4.5克，益智仁9克，郁金9克，丹参9克，香砂六君丸12克（包煎），7剂。二诊：腹胀松，矢气少，大便糜，右胁胀，肝郁脾弱。治法仍守原意。拟方用：白芍9克，

① 朱古亭. 朱古亭临证录[M]. 杭州：浙江科学技术出版社，1992：97-98.

香附9克，郁金8克，炒白术9克，炒苡仁10克，西党参12克，茯苓9克，鸡内金炭9克，炒谷芽10克，7剂。三诊：腹胀胁痛已消，唯大便仍见稀糜。再依前法健脾阳，助运化。拟方用：益智仁9克，西党参12克，鸡内金炭9克，炒白术9克，茯苓9克，怀山药9克，炒苡仁9克，炒谷芽9克，炙黄芪12克，广木香4克，7剂①。

按：本案患者为肝郁脾弱，健运失常之证。肝旺气郁则胁痛，脾运不健则便溏，属肝脾不和之证。故用疏肝理气、燥湿健脾之方。木香、郁金、香附以疏肝解郁；益智仁、白术、茯苓、川朴燥湿健脾；白芍柔肝；丹参和血；鸡内金、谷芽助运化；加山药、黄芪益气升清。

（二十）肾阴不足，肝阳偏亢

症见腰膝酸软，头晕耳鸣，失眠多梦，五心烦热，舌红少津无苔，脉细数，治宜补肾滋阴平肝。朱老治疗此证常用生地、麦冬、百合、杞子、白芍滋阴；龙骨、牡蛎、龟板重镇降逆。

患者叶某，女，50岁。初诊：情绪急躁，内热心烦，头晕发胀，面红而热，寐多梦扰。脉细弦，舌偏红。阴虚火旺，治拟清养。拟方用：生地15克，白芍9克，杞子9克，甘菊花6克，龙骨15克，牡蛎15克，麦冬10克，龟板20克，黄柏3克，甘草4克，百合15克，7剂。复诊：服药7剂，恙有改善，原方续服10剂。嘱戒酸辣厚味。煎剂服完后，嘱服大补阴丸②。

按：患者肾阴已亏，阴不制阳，肝阳独亢，故出现情绪急躁，内热心烦，头晕发胀等症。用大补阴丸加减滋阴潜阳而清虚火，使阴充阳潜，诸证皆愈。

（二十一）肝胆气滞，胃失和降症

症见情志抑郁，善太息，胃痛，痞满，舌苔薄白，脉弦，治宜疏肝和胃，理气止痛。朱老治疗此证常用四逆散加芳香药，疏肝和胃理气；桂枝汤加参、芪，顾护正阳之气。

患者潘某，男，32岁。初诊：右胁疼痛，反复发作，病经一载。发作时形寒身热，且恶心呕吐，乃肝胆气滞，胃失和降。治宜疏肝胆而和胃气。拟方用：白芍9克，炙甘草5克，炒延胡索6克，制香附9克，陈佛手9克，炒柴胡4.5克，郁金9克，炒枳壳4.5克，天花粉9克，广木香6克，越鞠丸（包煎）12克，竹茹9克，10剂。复诊：右胁隐痛，胃纳不振，时有形寒，面容不泽。脉

① 朱古亭. 朱古亭临证录[M]. 杭州：浙江科学技术出版社，1992：98-99.

② 朱古亭. 朱古亭临证录[M]. 杭州：浙江科学技术出版社，1992：99.

细，苔薄白。乃肝失疏泄，脾不健运，病延已久，正阳不足。拟疏肝健脾，扶正益卫。拟方用：生黄芪15克，炒当归9克，白芍9克，西党参15克，炙桂枝1.5克，炒谷芽9克，炒鸡内金9克，郁金8克，炙甘草5克，制香附9克，佛手片6克，7剂[①]。

按：本案患者为肝胃不和，影响胆道，疏泄失司。少阳属胆，形寒身热，少阳证也。肝与胆为表里，肝郁则清净之府岂能无动，气升呕逆为必有之象，至于面色不泽，时有形寒加以脉细，乃正阳不足之证。药用香附、佛手、延胡索、柴胡、郁金疏肝解郁；谷芽、鸡内金健胃。

（二十二）阴虚肝郁，风阳上扰证

症见胸胁隐痛，头痛头晕，低热，舌红脉弦，治宜滋阴潜阳。朱老治疗此证常用白芍、珍珠母、甘菊花滋阴平肝。

患者钱某，男，55岁。初诊：右胁隐痛，头痛偏左，耳如蝉鸣，有低热，脉细弦，舌偏红。治拟清潜之法。拟方用：杞子9克，白芍9克，白蒺藜6克，桑椹子9克，女贞子10克，八月札6克，川楝子9克，郁金9克，珍珠母20克，甘菊花6克，制香附9克，7剂。二诊：胁痛、头痛均见减轻，耳鸣尚未消失。原法增损以治。原方去川楝子、桑椹子，加灵磁石12克、大生地12克，7剂。三诊：药后头痛耳鸣之证亦消，舌红色渐淡，低热退清。唯前天因郁怒之后，肝气横逆，胁痛胸闷继起，时作嗳气，不饥不食，寐欠安神。脉弦，苔薄黄，予疏肝理气。拟方用：绿梅花4.5克，郁金9克，制香附9克，白芍9克，枳壳4.5克，炒谷芽9克，旋覆梗6克，代赭石12克，姜半夏5克，越鞠丸12克（包煎），5剂。四诊：进疏肝理气药，胸闷稍舒，嗳气亦消，胃能纳食，但不多。气机宣行，胃得和降。病既见松，药宜清轻。拟方用：木蝴蝶4克，玫瑰花3克，炒谷芽9克，郁金6克，白芍9克，佛手片6克，炒鸡内金9克，白蒺藜6克，茯苓9克，香砂六君丸12克（包煎），7剂[②]。

按：本案患者是阴虚肝郁，风阳上扰之证。进养阴疏气、平肝潜阳之剂，恙得见松。后因情绪激动，肝气横逆，脾失健运，导致症状复发，用药以疏肝理气为主。使肝得疏泄，脾胃健运则安。

（二十三）阴虚阳亢，虚火上升证

症见潮热盗汗，颧红，五心烦热，舌红少苔，脉细数，治宜滋阴清热潜

① 朱古亭. 朱古亭临证录[M]. 杭州：浙江科学技术出版社，1992：100.

② 朱古亭. 朱古亭临证录[M]. 杭州：浙江科学技术出版社，1992：100-101.

阳。朱老常用大补阴丸滋阴清虚火。

患者徐某，女，42岁。初诊：头晕胀痛，烘热面红，治拟清潜。拟方用：夏枯草12克，滁菊花6克，石决明20克，桑叶9克，杞子9克，白芍9克，细生地12克，龟板20克，黄柏3克，黑芝麻一匙（自加），白蒺藜6克，7剂。二诊：头胀痛减轻，烘热依然。仍以清潜之法。原方照抄，细生地加至20克，黄柏加至5克，10剂。三诊：烘热已退，头颞犹胀，寐中梦多。宜潜肝阳，养心安神。拟方用：五味子3克，生地12克，麦冬10克，丹参9克，甘菊花6克，杞子9克，白芍9克，龙齿15克，夜交藤12克，7剂①。

按：本案患者肾阴不足，肝阳上亢，故头晕胀痛；阳升火动，则烘热面红。药用桑叶、夏枯草、白蒺藜、石决明、菊花清肝潜阳，使肝阳下潜，则虚火自平；生地、白芍滋阴；阴虚心神少藏，加麦冬、五味子、丹参、龙齿等养心安神药以治之。

（二十四）阴虚肝郁，胃失和降证

症见胸胁隐痛，纳少，治宜疏肝和胃。朱老认为肝胃不和，易致肺失宣降，需在调和肝脾的基础上，兼清肺气。

患者蒋某，男，42岁。初诊：胸闷泛呕，肝区隐痛，咽有梗感，咳嗽少痰。拟疏调肝胃，而清肺气。拟方用：郁金8克，白芍9克，炙紫菀9克，枇杷叶9克，浙贝母9克，苏梗6克，香附9克，竹茹9克，代赭石12克，瓜蒌皮9克，甘草4克，桔梗5克，5剂。二诊：泛呕止，胁痛瘥，仍有咳嗽咽梗，肺失肃降使然。拟清肺利咽。拟方用：桔梗5克，甘草5克，浙贝母9克，瓜蒌皮9克，麦冬9克，枇杷叶9克，绿梅花3克，旋覆梗6克，杏仁6克，7剂。三诊：咳嗽见平，咽喉梗感依然，咽门发红。证属阴虚喉痹，滋阴清咽为治。拟方用：牛蒡子6克，生甘草5克，玄参10克，生地12克，麦冬9克，枇杷叶9克，西藏果9克，柿霜4克，射干4.5克，山豆根6克，黄柏6克，7剂②。

按：本案患者阴虚肝郁，胃失和降，故胸闷胁痛泛呕；咳嗽咽梗，阴虚肺燥，虚火上炎。初用疏肝和胃、清肺利咽之剂，胁痛呕泛见平，而咽梗未能消失。咽门发红，属阴虚喉痹，故以玄参、麦冬、地黄等甘寒滋阴；西藏果、黄柏、山豆根等苦寒清火利咽；瓜蒌、浙贝、枇杷叶、杏仁宣肺止咳。并需忌刺激性食物。

① 朱古亭. 朱古亭临证录[M]. 杭州：浙江科学技术出版社，1992：101-102.

② 朱古亭. 朱古亭临证录[M]. 杭州：浙江科学技术出版社，1992：102-103.

（二十五）阳旺内热，肝火上炎证

症见头晕胀痛，耳鸣面红，目赤肿痛，失眠，口苦咽干，舌红苔黄，脉弦数，治宜清热降火。朱老治疗此证常用龙胆泻肝汤清肝泻火。

患者汪某，女，31岁。初诊：头痛发胀，耳鸣如潮，尿黄，苔糙脉弦。证属肝火内燔，治宜清泻。拟方用：龙胆草2克，炒山栀9克，黄芩6克，生地15克，泽泻9克，石决明30克，生甘草4克，车前草12克，甘菊花6克，夏枯草12克，白芍9克，4剂。复诊：头痛减轻，耳鸣亦停。舌苔薄黄，脉象亦较柔和。肝火有清泻之象，病已见松。原法减去苦寒之品。拟方用：钩藤9克，甘菊花6克，桑叶9克，白芍9克，石决明20克，白蒺藜6克，夏枯草9克，车前草10克，生地10克，7剂[①]。

按：本案患者属肝火上炎之证，肝阳上亢，肝火上炎，均有头痛发胀耳鸣之共同症状。不同之处，肝阳上亢者，头痛较轻，耳鸣如蝉，舌偏红，脉细弦，肝火上炎者，头痛较重，耳鸣如潮，苔黄糙，脉弦大。治法亦有不同；肝阳上亢者，以养阴潜阳，杞菊地黄加减；肝火上炎者，以清泻平肝，龙胆泻肝加减。故以龙胆草、山栀、黄芩苦寒清火；生地、白芍养阴，石决明、菊花、夏枯草清肝潜阳；车前、泽泻导火下行，从小便出。药后症状缓解，脉较柔和，舌转薄黄，肝火渐见清泻，故去龙胆、黄芩、山栀之苦寒；加桑叶、蒺藜、钩藤等轻清之品；合生地、白芍以养阴平肝，善后调理。

（二十六）肝胆气滞，脾失健运证

症见情志抑郁，胸胁胀痛，善太息，腹痛便溏，苔薄脉弦，治宜疏肝健脾，理气止痛。朱老认为胁痛为肝胆之病，气滞痛者，攻窜不定，痛而发胀，血瘀痛者，痛如针刺，固定不移，常用逍遥散加减调和肝脾、疏肝解郁、养血理脾。

患者陈某，男，49岁。初诊：两胁疼痛，偏右为甚，大便溏薄。脉弦，舌胖苔腻。治宜疏肝胆之气机，助脾胃之运化。拟方用：制香附9克，广木香6克，炒白芍9克，炒白术9克，茯苓9克，生苡仁12克，藿香、佩兰梗各9克，炒柴胡4.5克，炒延胡索6克，炒谷芽9克，炒鸡内金9克，7剂。二诊：药后证情略见改善，唯右上腹仍有滞胀感，神怠乏力，肝郁脾弱。治宜从原意。拟方用：白芍9克，炒白术9克，制香附9克，佛手片9克，茯苓9克，炒谷芽9克，郁金9克，广木香6克，炒当归9克，西党参12克，7剂。三诊：舌

① 朱古亭. 朱古亭临证录[M]. 杭州：浙江科学技术出版社，1992：103.

质胖，腻苔化，小溲清，大便干，脾湿已化。唯右上腹仍感滞胀，下午下腹亦觉发胀。肝失疏泄，气机失调，治以养阴调肝。拟方用：白芍9克，郁金9克，川楝子9克，橘核9克，茯苓9克，炒神曲10克，丹参9克，小青皮4.5克，炒当归9克，7剂①。

按：本案患者为肝胆气滞，脾失健运之证，肝气横逆，最易侵犯脾胃。本例胁痛脉弦，为肝气偏旺；苔腻便溏，为湿浊内阴，脾不健运。柴胡为疏肝要药，合以香附、木香、延胡索理气止痛；藿香、佩兰芳香化浊；白芍以柔肝木；白术以培脾土；茯苓、苡仁理脾湿；谷芽、鸡内金健胃助运化。

（二十七）肝胆湿热，郁蒸发黄证

症见胸胁胀痛，灼热，腹胀，口苦泛恶，小便短赤，舌苔黄腻，脉弦数，治宜清热利湿，疏肝利胆。朱老治疗此证常用茵陈蒿汤清热利湿退黄。

患者孙某，女，52岁。右胁作痛，全身发黄，大便秘结。脉弦数，苔黄腻。治拟清疏。拟方用：茵陈30克，山栀12克，黄芩9克，炒柴胡4.5克，制香附9克，川楝子9克，蒲公英12克，郁金9克，生大黄9克，连翘9克，竹茹12克，5剂②。

按：本案患者全身发黄，为“黄疸”，其有肝胆湿热，有脾胃湿热。均属湿热交蒸，胆汁外溢肌肤，引起发黄。肝胆湿热，胁痛为其特征，以肝失疏泄，胆道不利，故胁痛也。用柴胡疏达肝气；黄芩、山栀苦寒清热泻火；茵陈清湿热退黄；大便秘，加大黄以通腑；香附、川楝子理气止痛；湿热之邪郁久成毒，用连翘、蒲公英清热解毒；竹茹清胃除烦开郁。便秘者，以茵陈蒿汤为主，便溏者，胃苓汤加减。茵陈为治黄之要药。

（二十八）阴虚肝郁，冲任失调证

症见胸胁隐痛，月经失调，治宜滋阴疏肝解郁，调理冲任。朱老认为肝郁易导致冲任失调，故治疗此类病证需重视疏肝。

患者程某，女，32岁。初诊：右胁隐痛，腰痛多带，月经量多。治拟疏养。拟方用：桑寄生9克，川续断9克，旱莲草9克，女贞子10克，炒白芍9克，炒当归9克，干地黄12克，炒山药9克，制香附9克，郁金9克，炒柴胡4.5克，7剂。二诊：白带见少，胃纳已展，右胁尚有隐痛。再守原法。拟方用：桑寄生9克，川续断9克，白芍9克，炒当归9克，炒山药9克，制香附9

① 朱古亭. 朱古亭临证录[M]. 杭州：浙江科学技术出版社，1992：104.

② 朱古亭. 朱古亭临证录[M]. 杭州：浙江科学技术出版社，1992：105.

克，小青皮4.5克，旱莲草9克，茯苓9克，杞子9克，干地黄12克，10剂。三诊：此次月经，血量正常，胁痛亦消，唯有腰酸头晕，肾虚肝旺之象。宜益肾涵肝。拟方用：炒狗脊9克，杞子9克，滁菊花6克，桑寄生9克，干地黄12克，炒当归9克，白芍9克，山萸肉6克，女贞子9克，怀山药9克，制香附9克，10剂[①]。

按：本案患者为阴虚肝郁，冲任失调之证，其形体瘦弱，常有胁痛，乃阴虚肝郁之象；腰部酸痛，白带时下，月经来潮时，血量较多，为肾气不足，冲任失于固摄。肝郁宜疏，用柴胡、香附、郁金疏达肝气止痛；当归、白芍、地黄滋阴养血；川断、桑寄生补肝肾，强腰膝；旱莲草、女贞子名二至丸，能补肾益阴，凉血止血；山药能益肺肾，理虚劳，固肾涩精。头晕、腰酸，为肾虚肝旺，以杞菊地黄丸加当归、白芍、女贞子、狗脊、桑寄生等滋养肝肾之品治之。

（二十九）肝气郁结，肺胃火炎证

症见头晕头胀，心悸怔忡，舌红脉弦数，治宜疏肝滋阴清热。朱老认为此病复杂，为多脏疾病相兼，治疗难从单一方面治疗，应统筹兼顾，用清肺胃热药合疏肝清热药。

患者郭某，女，41岁。初诊：心悸怔忡，时作时止，已历数载，月经一月两潮，经前乳房胀痛；头晕胀痛，咽红如梗。拟方用：炒当归9克，白芍9克，旱莲草10克，制香附9克，柏子仁9克，八月札6克，甘菊花6克，石决明20克，桑寄生9克，玄参9克，麦冬9克，生甘草4克，7剂。复诊：药后头晕胀减轻，咽部稍舒，心悸仍作。再从原意加减。拟方用：龙齿15克，茯苓9克，柏子仁9克，麦冬9克，白芍9克，当归9克，玄参9克，制香附9克，女贞子9克，白蒺藜9克，生甘草4克，7剂[②]。

按：本案患者属阴虚肝郁，冲任失调，肝阳上亢，肺胃之火上炎。肝气郁结，冲任失调，故月经失调，经前乳房胀痛；肝阳上亢，肺胃火炎，故头晕胀痛，咽红如梗。用当归、白芍、女贞子、旱莲草养阴补血；香附、八月札疏肝气；石决明、菊花清肝潜阳；玄参、麦冬益阴降火，利咽喉；龙齿、柏子仁重镇宁心。

（三十）肝肾阴虚，气机失调证

症见头痛头晕，腰膝酸软，耳鸣，舌淡脉细弦，治宜滋阴益肾，补血养

① 朱古亭. 朱古亭临证录[M]. 杭州：浙江科学技术出版社，1992：105-106.

② 朱古亭. 朱古亭临证录[M]. 杭州：浙江科学技术出版社，1992：106-107.

肝。朱老认为“治风先治血，血行风自灭”，故治疗此证应以养血为主。

患者安某，女，40岁。头痛偏左、脘腹气胀，胃纳减退，腰酸多带，脉细弦，舌质胖。治拟养肝益肾。拟方用：炒当归9克，白芍9克，甘菊花6克，杞子9克，香附9克，石决明20克，广木香6克，桑寄生9克，川续断9克，菟丝子9克，炒谷芽9克，7剂①。

按：本案患者为肝肾阴虚之证，其平素有偏头痛，为血虚风阳上扰；血虚则肝气内郁，胃不和畅，故脘腹发胀；胃的受纳功能失常，故食欲减退；腰为肾府，肾虚则奇脉不固，故生腰酸带下之证。方用当归、白芍以养血；杞子、菊花、石决明益阴平肝熄风阳；香附、木香芳香理气；川断、桑寄生、菟丝子益肾强腰，固摄精气，治带下；谷芽养胃和中。证属虚实相兼，药亦需疏补互用。

（三十一）阴虚肝郁，任脉不固证

症见头晕，胸胁胀痛，失眠多梦，舌红脉细，治宜疏肝养阴。朱老治疗此证常用一贯煎滋阴疏肝。

患者余某，女，34岁。初诊：胁胀头晕，夜寐多梦，月经量少，白带常多，咽红而痛。治拟疏养。拟方用：玄参9克，麦冬9克，杞子9克，甘菊花6克，白芍9克，炒当归9克，川楝子8克，郁金9克，夜交藤15克，椿根皮9克，柏子仁9克，生地12克，7剂。复诊：头晕已消，白带减少，夜寐多梦，腰膝酸楚。脉细弦，舌偏红。治宜清养。拟方用：麦冬9克，杞子9克，白芍9克，郁金6克，炒当归9克，生地12克，桑寄生8克，川续断9克，夜交藤12克，远志4.5克，辰茯苓9克，7剂②。

按：本案患者为肝肾阴虚，冲海不足，任脉失约，故月经少，白带多；阴虚气郁，肝络不和则胁胀；风阳上越，故头晕，寐多梦；肝肾虚，心阴亦不足，故腰膝酸，脉细弦，舌偏红。药用玄参、麦冬滋阴；白芍柔肝；当归养血；郁金疏肝理气；夜交藤安神。复诊加桑寄生、川断补肝肾而强腰膝；茯神、远志、夜交藤交心肾而宁神志。肝肾阴复，冲任自调，白带、腰痛之证自愈，心得其养，寐梦自消。

（三十二）肝阳上亢，痰阻咽喉证

症见头晕头胀，耳鸣，咽中如有异物阻塞，治宜平肝潜阳，理气化痰。

① 朱古亭. 朱古亭临证录[M]. 杭州：浙江科学技术出版社，1992：107.

② 朱古亭. 朱古亭临证录[M]. 杭州：浙江科学技术出版社，1992：108.

朱老认为梅核气由七情郁气，凝涎而生，男子亦可得之，用半夏厚朴汤加减疏肝解郁。

患者翁某，男，48岁。初诊：头晕耳鸣，反复发作，喉中似有痰黏之感。拟平肝潜阳，而化湿痰。拟方用：杞子9克，白芍9克，炙紫菀9克，薄橘红4.5克，姜半夏5克，茯苓9克，石决明20克，钩藤9克，甘菊花6克，苏子9克，制川朴4.5克，5剂。二诊：头晕轻，耳鸣得息，肝阳有潜降之象。唯喉中仍似痰黏。再拟疏化。拟方用：浙贝母9克，炙紫菀9克，苏子9克，瓜蒌皮9克，姜半夏5克，茯苓9克，炒谷芽9克，绿梅花3克，珍珠母15克，甘菊花6克，7剂。三诊：头晕耳鸣已愈，喉中阶阶如梗状，时泛嗳气。和胃消痰为主。拟方用：姜半夏6克，佛手片9克，旋覆梗9克，茯苓9克，香附9克，川朴花4克，桔梗4克，甘草4克，浙贝母9克，7剂[①]。

按：本案患者为肝阳上亢，痰阻咽喉之证，其形体丰肥，本属痰湿内盛，头晕耳鸣，反复发作，原是风阳上扰清空，唯喉中似有痰涎黏着之感，咯之不出，咽亦不下，此所谓“梅核气”，为凝痰结气阻塞咽嗌，肝之风阳上扰清空所致。方用钩藤、菊花、石决明平肝熄风；半夏、厚朴、茯苓利湿行痰；瓜蒌、紫菀、贝母、苏子宣肺化痰，香附、旋覆梗、佛手开郁理气。郁解痰开，风阳潜熄则安。

（三十三）心阴不足，肝阳偏亢证

症见心悸，头晕，舌红苔少，脉细数，治宜养阴平肝潜阳。肾阴肾阳为阴阳之根本，朱老认为心肝之阴不足，根本在于肾阴虚，治疗多以滋补肾阴为主。

患者滕某，男，43岁。初诊：心悸频繁，头颞胀痛。脉细数，舌偏红。治宜清养。拟方用：麦冬9克，玄参9克，生地12克，百合12克，五味子3克，甘菊花6克，石决明20克，钩藤9克，丹参9克，茯苓9克，7剂。复诊：进养阴宁心、平肝潜阳之剂，头胀，心悸之证均得减轻，数势之脉稍得缓和，而舌仍偏红。仍以原法继进。原方嘱服10剂[②]。

按：本案患者为心阴不足，肝阳偏亢之证。心阴不足，心火偏旺，故心悸；肝阳上扰故头胀。药用生地、玄参以滋肾阴；麦冬、百合、五味子、丹参、茯神养心阴，定心悸；菊花、钩藤、石决明平肝潜阳。心得所养，肝阳潜降，则病自愈。

---

① 朱古亭. 朱古亭临证录[M]. 杭州：浙江科学技术出版社，1992：108-109.

② 朱古亭. 朱古亭临证录[M]. 杭州：浙江科学技术出版社，1992：109-110.

（三十四）阴虚体质，虚热内生证

症见五心烦热，头晕耳鸣，失眠多梦，舌红少苔，脉细数，治宜滋阴清虚热。朱老治疗此证常用清退虚热药合养心柔肝之品。

患者吕某，女，31岁。初诊：五心烦热，月经期尤甚。头晕脘胀，寐欠安神。脉细弦，舌偏红少苔，治宜清养。拟方用：白薇9克，银柴胡5克，地骨皮9克，甘菊花6克，制香附9克，佛手柑9克，麦冬9克，夜交藤12克，白芍9克，杞子9克，石决明15克，7剂。复诊：头晕脘胀稍减，寐况略见改善。虚热尚存，月经涩少，甚而一月再潮。脉舌如前。仍依法加减。拟方用：女贞子10克，旱莲草9克，地骨皮9克，黄柏4克，生地12克，白芍9克，白薇9克，甘菊花6克，白蒺藜6克，7剂①。

按：本案患者平素清瘦，为阴虚体质。阴虚生内热，故五心热烦；阴虚则肝阳偏亢，气机亦欠疏调，故头晕，脘胀，寐不安。药用白薇、地骨皮、银柴胡退虚热；麦冬、白芍、女贞子、旱莲草养心、柔肝、益肾；黄柏、生地滋阴清火；菊花、蒺藜、石决明清肝潜阳；佐香附、佛手理气。属养阴清热，疏气平肝，宁心安神，审因论治。

（三十五）心肾阴虚，肺胃火炎证

症见心胸懋闷，腰膝酸软，头晕耳鸣，舌红少苔，脉细数，治宜滋阴清火。朱老认为心肾阴虚易致肺胃火炎，在滋养心肾时需加用清肺药。

患者郑某，男，47岁。初诊：胸闷心烦，下午潮热，头晕胀，寐多梦，心中动悸，咽痛发红，遗精腰酸。脉来小数，舌红苔黄。治以滋阴清火。拟方用：麦冬10克，玄参12克，生地15克，生甘草5克，射干6克，山豆根6克，滁菊花6克，石决明20克，炒山栀9克，莲子10克，黄柏4.5克，5剂。二诊：胸闷咽痛见瘥，寐梦减少，心烦心悸未得消失。脉舌如前。姑从原法。拟方用：玄参12克，麦冬10克，生地15克，石决明15克，莲须6克，百合12克，龙齿15克，辰茯苓9克，甘菊花6克，生甘草4克，地骨皮9克，7剂。三诊：心悸渐平，寐况改善，潮热亦退。尚有头晕发胀，但较轻耳。患者因恢复上班，汤剂不便，要求改用成药。予杞菊地黄丸500克，嘱每天服3次，每次9克，开水送吞②。

按：本案患者为心肾阴虚，肺胃火炎之证。心阴虚，故心悸不安，心烦多梦；肾阴不足，心阳偏亢，阴虚于下，精关不固，故遗精腰酸；阳僭于

① 朱古亭. 朱古亭临证录[M]. 杭州：浙江科学技术出版社，1992：110.

② 朱古亭. 朱古亭临证录[M]. 杭州：浙江科学技术出版社，1992：111.

上则头晕而胀；肺胃之火上炎，则咽红而痛。药用玄参、地黄益肾滋阴，退骨蒸虚热；菊花、石决明平肝潜阳；百合、麦冬清心，治虚烦惊悸，失眠多梦；咽红而痛，加山栀、黄柏苦寒泻火；合射干、山豆根消肿利咽；遗精加莲子益肾固精。

（三十六）水亏木旺，阳亢气郁证

症见头晕头胀，头面部烘热汗出，胸胁胀闷，治宜滋阴潜阳，疏肝理气。朱老治疗此证常用滋补肝肾之品，合理气开郁之药。

患者徐某，女，42岁。初诊：头胀目糊，烘热面红，胸闷腹胀，治宜养阴潜阳，而疏气机。拟方用：夏枯草12克，甘菊花6克，珍珠母20克，桑叶9克，杞子9克，白芍9克，丹参9克，川楝子9克，佛手片6克，制香附9克，绿梅花4克，7剂。复诊：胸闷腹胀较舒，烘热减少，头部犹有发胀。原法加减继治。拟方用：甘菊花6克，白蒺藜6克，石决明15克，女贞子10克，旱莲草9克，白芍9克，制香附9克，佛手片6克，杞子9克，杞菊地黄丸12克（包煎），7剂①。

按：本案患者为水亏木旺，阳亢气郁之证。肝阳上亢，故头胀；肾阴虚，故潮热面红。药用石决明、夏枯草、菊花、桑叶清肝潜阳明目；杞子、白芍、女贞滋肝肾之阴；香附、佛手、川楝子疏肝解郁。全方具有养阴平肝，开郁理气之功。

（三十七）痰浊内阻，肝阳上扰证

症见头痛或晕，耳鸣，呕恶，苔腻脉滑，治宜平肝化痰。朱老认为痰湿中阻，导致风阳上扰清空，治疗此证需清化痰浊，平抑肝阳。

患者金某，男，39岁。初诊：头目眩晕，耳如蝉鸣，胸闷恶心。脉细弦，苔厚腻。治宜平肝阳而化湿痰。拟方用：橘红4.5克，姜半夏6克，茯苓10克，炒枳壳4.5克，石决明20克，藿香9克，佩兰9克，钩藤9克，竹茹9克，川朴花5克，白蒺藜6克，藁本4克，5剂。二诊：胸闷恶心之恙已除，头晕减轻，耳内仍有蝉鸣，腻苔稍化。宜清化法治之。拟方用：广藿香8克，竹茹9克，姜半夏4克，川朴花4克，茯苓9克，甘菊花6克，石决明15克，杞子8克，白芍9克，白蒺藜6克，7剂。三诊：头晕耳鸣消失，腻苔已化，稍有薄黄，胃纳渐展，二便正常，湿痰渐消，肝阳渐平。再用杞菊地黄滋阴平肝，香砂六君调理脾胃，以善其后。杞菊地黄丸、香砂六君丸各150克，每次各5

① 朱古亭. 朱古亭临证录[M]. 杭州：浙江科学技术出版社，1992：112.

克和匀，开水送吞，早晚各1次[①]。

按：本案患者为痰浊内阻，风阳上扰，故胸闷恶心，头晕耳鸣；苔厚腻为湿浊未化之象。方用藿香、厚朴、半夏、茯苓汤合温胆法加平肝药，症状逐见缓解，达到治愈目的。最后以杞菊地黄合香砂六君，一取养阴平肝，一取调理脾胃以善其后。

（三十八）水亏木旺，风阳内动证

症见肢麻，手足抽搐，舌红，脉弦，治宜平肝熄风。朱老认为肾亏肝旺，易致阳化内风夹痰窜络，常用钩藤、僵蚕等熄风；麦冬、白芍养阴。

患者陈某，女，61岁。初诊：颜面、口唇麻木，连及手臂，舌掉欠灵。脉两手均弦，舌红底碎，上有糙腻苔。宜平肝熄风、化痰通络之法。拟方用：钩藤9克，豨莶草10克，鸡血藤12克，桑寄生9克，麦冬10克，浙贝母9克，甘草4克，赤白芍各6克，炒僵蚕9克，夜交藤15克，金石斛9克，7剂。二诊：手指麻木刺痛，语言謇涩不利，肩背筋急而挛，脉弦，防中风。仍宜熄风化痰通络。拟方用：白蒺藜6克，桑枝30克，豨莶草10克，炒僵蚕9克，钩藤9克，丹参10克，鸡血藤12克，白芍10克，炙甘草5克，7剂。三诊：口唇仍感麻木，手指屈伸欠利，肩背酸凝。舌光少津，且有裂纹。宜养阴熄风和络。拟方用：生地12克，玄参10克，麦冬10克，珍珠母20克，豨莶草10克，夜交藤15克，女贞子10克，甘菊花6克，桑枝30克，川石斛10克，白芍10克，秦艽4.5克，10剂。四诊：头晕肢麻，夜寐不安，苔腻口燥，大便艰，脉弦。拟方用：竹茹10克，炒枳实4.5克，珍珠母20克，甘菊花6克，钩藤9克，豨莶草10克，川石斛9克，半夏4.5克，北秫米9克，制大黄5克，柏子仁9克，甘露清毒丸12克（包煎），5剂。五诊：腻苔已化，舌中裂纹，口唇、手指仍然发麻，语言欠利，寐较安，大便润，胃腑通降，浊邪随之下泄。宜滋阴和络之剂。拟方用：麦冬10克，丹参10克，豨莶草10克，桑寄生9克，炒僵蚕9克，石决明20克，夜交藤15克，鸡血藤12克，钩藤9克，白芍9克，络石藤10克，7剂[②]。

按：本案患者属水亏木旺，风阳内动之证。风痰流窜经络，故头晕肢麻，舌强语謇，夜寐不安等证相继而生；阴虚，故舌红底碎。故药用偏重滋液养阴，整体以熄风化痰通络为主，因患者年老体弱，为防中风，加用僵蚕、络石藤等祛风药，且后期需巩固疗效。

---

① 朱古亭. 朱古亭临证录[M]. 杭州：浙江科学技术出版社，1992：112-113.

② 朱古亭. 朱古亭临证录[M]. 杭州：浙江科学技术出版社，1992：114-115.

（三十九）水不涵木，阳升风动证

症见头晕头胀，低热，腰酸，体倦，手足蠕动，治宜滋养肝木。朱老认为此病为心肝脾肾四脏同病，治疗肝肾的同时，需顾护心脾。

患者施某，男，37岁。初诊：头晕发胀，惊惕肉瞤，手指震颤，倦怠乏力，纳减便溏。拟方用：杞子9克，白芍9克，滁菊花6克，炒僵蚕9克，石决明20克，钩藤9克，炒白术9克，怀山药10克，广木香6克，茯苓10克，炒谷芽9克，鸡内金9克，香砂六君丸、杞菊地黄丸各12克（包煎），7剂。复诊：头胀见松，震颤已定，大便亦成条形。病已见松，药宜前法加减。拟方用：杞子9克，炒白芍9克，石决明15克，炒山药10克，炒白术9克，茯苓9克，陈皮4.5克，炒谷芽10克，白蒺藜6克，香砂六君丸12克（包煎），7剂[①]。

按：本案患者属于水不涵木，阳生风动证。肾水不足不能滋养肝木，风阳陡动，故头晕而胀，惊惕不安，肌肉瞤动，手指震颤等证之所由生；脾主运化，脾弱气虚则健运失常，故纳食减退，大便薄溏。药用僵蚕、钩藤熄风；杞子、白芍养阴；滁菊疏风；谷芽、鸡内金健脾胃。

（四十）肝失疏泄，胆道不利证

症见胸胁痛，纳少寐差，脉弦，治宜疏肝利胆。朱老认为肝病易传脾脏，故治疗时应加补脾药，方用四逆散加减调畅气机。

患者董某，男，40岁。初诊：右胁隐痛，牵引背部不舒，纳呆寐差。舌质胖，脉小弦。拟疏肝利胆，佐以养阴。拟方用：炒柴胡4.5克，白芍9克，郁金8克，桑寄生9克，麦冬9克，太子参12克，广木香6克，制香附9克，炒当归8克，佛手片9克，天花粉9克，炙甘草4.5克，7剂。二诊：寐况改善，胃纳亦充。唯右胁隐痛，牵引背部未见明显好转，舌质胖，脉小弦。病久迁延，仍予调肝为主，理脾为辅。拟方用：柴胡4.5克，白芍10克，甘草5克，郁金9克，西党参12克，炒白术9克，桑寄生9克，鸡血藤10克，佛手片6克，香砂六君丸12克（包煎），夜交藤15克，7剂。三诊：药后胁痛有好转，但近日又兼风邪，致咳嗽咽痛。拟疏肝胆之气机，清咽化痰，标本兼顾。拟方用：郁金9克，香附9克，白芍9克，炒枳壳4.5克，牛蒡子6克，浙贝母9克，炙紫菀9克，瓜蒌皮9克，板蓝根9克，忍冬藤10克，连翘9克，生甘草5克，7剂。四诊：脉平舌净，胃纳、两便正常，胁胀已和，肩背经络亦舒，痰见减少，咽门微红。再拟清疏。拟方用：佛手片6克，白芍9克，炙甘草5克，制

① 朱古亭. 朱古亭临证录[M]. 杭州：浙江科学技术出版社，1992：115-116.

香附9克，炙紫菀9克，西党参12克，茯苓9克，浙贝母8克，炒枳壳4克，红枣10克，7剂①。

按：本案患者属肝胆气滞，肝失疏泄，最易克伐脾土，肝郁脾虚，故胁痛；纳食减少。药用柴胡、郁金、木香、香附、佛手疏肝理气；配以香砂六君培补脾土而调中气，气郁过久，阴液暗耗，故佐麦冬、花粉以滋阴。

章戈曾撰文总结朱老治疗心、肝病的经验。中医认为心是“君主之官”，主血脉而藏神明；肝是“将军之官”，喜条达以疏气机，二者关系密切。朱老治疗心病的经验主要有胸旷闭阻，首当分辨虚实；母子同病，疏补相行不悖；心脾两虚，壮子益母为要；阴虚火炎，滋水清润并举；营气不足，当益脾调心肝；心肝阴虚，以肾论治为本②。朱老治疗肝病的经验主要有郁怒伤肝，疏调清化是务；湿热黄疸，清疏利胆图治；阳扰清空，责于脾壅痰凝；肝病眩冒，首辨虚阳实火；风木偏亢，源于水亏木郁；阴虚阳亢，滋水涵木为治；肝旺脾弱，清潜调补并施；阳亢风动，开壅逐痰救急；肝郁日久，调肝养阴兼施；心肝火盛，旨在培本清源③。

第四节　治疗肾病经验

朱老治疗肾病也有一定的经验。据《朱古亭临证录》，朱老治疗肾病的医案可分为以下八种证型。

（一）肝肾虚热，膀胱湿滞证

症见尿频尿急，尿液短赤，淋漓不尽，尿痛或浊，舌红苔黄腻，脉数，治宜清热利湿。朱老认为淋证，多由肾虚膀胱湿热所致，肝脉抵少腹循阴器，与肝的疏泄功能也相关，故治疗在清利湿热的基础上，还需益肝肾。

患者毛某，男，50岁。初诊：腰酸痛，小腹滞胀，小便淋漓不爽，头晕艰寐，胃纳不振。脉细弦，舌质红，苔薄腻。治宜疏肝益肾，淡渗通淋。拟方用：川楝子9克，橘核9克，瞿麦9克，石韦9克，杞子9克，川萆薢9克，生甘草6克，桑寄生9克，制香附9克，甘菊花6克，合欢皮9克，炒谷芽9克，7剂。二诊：药后小便较爽，胃纳略增，唯头晕艰寐。脉舌如前。再守原法。拟方用：川萆薢9克，石韦9克，炒山栀9克，泽泻9克，白芍9克，麦冬9克，

① 朱古亭. 朱古亭临证录[M]. 杭州：浙江科学技术出版社，1992：116-117.

② 章戈. 朱古亭教授治疗心病的经验[J]. 浙江中医学院学报，1989（1）：28-29.

③ 章戈. 朱古亭教授治疗肝病的经验[J]. 浙江中医学院学报，1988（1）：30-33.

香附9克，甘菊花6克，石决明20克，杞子9克，柏子仁9克，7剂。三诊：小便已舒，小腹不胀，知饥纳展，头晕亦和。而寐不安神，多梦。舌红见淡。宜清养之。拟方用：炒枣仁10克，丹参9克，麦冬9克，百合12克，夜交藤12克，茯苓9克，怀山药10克，细生地12克，白芍9克，10剂[①]。

按：本案患者为肝肾阴虚，湿热蕴结下焦，膀胱气化不利，故小便淋沥涩痛不爽；肝阴虚，疏泄失司，气郁则为腹胀，且胀于小腹；阴虚则心肝阳亢，故头晕失眠。药用石韦、萆薢、瞿麦、泽泻淡渗通淋，清膀胱湿热；杞子、菊花、石决明平肝潜阳；生地、麦冬、百合养阴清心；川楝、香附疏肝理气。服药以后症状次第改善。唯寐差之证，时间较长，乃心阴虚，神不敛藏，难即蠲除，宜缓以图治。

（二）湿火下注，迫血妄行证

症见小便短赤，尿血，身重神疲，舌苔黄腻，脉数，治宜清热泻火。朱老治疗此证常用六味地黄滋阴补肾，合凉血止血之品。

患者卢某，女，37岁。初诊：腰酸溲血，益肾、清热、凉血为治。拟方用：生地15克，炒山栀9克，小蓟9克，血余炭9克，茜草9克，旱莲草9克，藕节10克，滑石10克，生甘草5克，六味地黄丸12克（包煎），5剂。复诊：血尿已清，腰部仍感酸楚。拟方用：怀山药10克，山萸肉6克，大生地15克，茯苓9克，炒丹皮4.5克，杞子9克，怀牛膝9克，狗脊9克，白芍9克，5剂[②]。

按：本案患者为肾阴不足，湿火下注，迫血妄行。腰酸为肾病之证。膀胱为津液之府，湿火下注膀胱，导致肾与膀胱皆气化失常，药用山栀清热泻火；小蓟、血余炭、茜草、旱莲草、藕节凉血止血。复诊时血尿已清，着重益肾，药用六味地黄丸补肾，加狗脊、杞子加强滋肾之力。

（三）湿热下注，清浊混淆证

症见尿浊，纳差，舌黄苔腻，脉濡数，治宜清热利湿，分清别浊。朱老治疗此证常用胃苓汤加减祛湿和胃利水；药用藿香、佩兰、萆薢化湿醒脾辟秽；瞿麦、萹蓄利水通淋。

患者项某，男，47岁。初诊：胃纳不振，大便不实，含有不消化残渣，小便有刺激症状，且尿后淋漓不净，曾见乳糜沉淀。舌苔厚腻。治当和中化浊，而利膀胱。拟方用：藿香9克，佩兰9克，泽泻9克，川萆薢9克，瞿麦9

① 朱古亭. 朱古亭临证录[M]. 杭州：浙江科学技术出版社，1992：118.

② 朱古亭. 朱古亭临证录[M]. 杭州：浙江科学技术出版社，1992：119.

克，萹蓄9克，茯苓9克，炒苍术9克，制川朴5克，陈皮5克，生甘草4克，炒谷芽9克，鸡内金炭9克，10剂。复诊：腻苔稍化，胃纳略展，大便亦成条状。小便酸痛减轻，仍见乳糜。仍宗原方出入。拟方用：川楝子9克，川萆薢9克，甘草5克，茯苓9克，姜半夏5克，藿香9克，厚朴4克，炒谷芽9克，炒白术9克，香砂六君丸12克（包煎），7剂①。

按：本案患者为湿浊蕴于脾胃，脾失健运，下焦气化不利，清浊混淆，故尿道涩痛，小便混浊如泔；脾虚气陷，故大便溏薄，尿后淋漓不尽。方以胃苓汤加减，苦温燥脾，淡渗利尿，去浊分清。服药后症状有所改善，继以藿香、厚朴、半夏、茯苓合香砂六君法芳香化湿，和中健脾，稍参分利之法。

（四）脾肾两盛，气血不足

症见食少，面肿，尿少，舌淡少苔，脉细弱，治宜补益脾肾。朱老认为此为慢性肾炎，属中医水肿范围，审证治之，药用茯苓、泽泻、猪苓等利水渗湿。

患者金某，男，42岁。初诊：慢性肾炎，反复发作，历有十余年。面色灰滞，小便短少，面部浮肿，腰酸楚，饮食少。脉细弱，舌淡红少苔，尿检蛋白（+），血红蛋白85g/L。脾肾两虚，生化少源。治宜益脾肾，资化源。拟方用：泽泻9克，茯苓9克，猪苓9克，熟地12克，山药12克，萸肉9克，丹皮6克，补骨脂9克，炒谷芽10克，炒当归9克，白芍9克，炒神曲10克，党参12克，车前子9克，10剂。复诊：服药后，小便较利，面肿消退，胃纳略馨，腰酸。舌有薄黄苔，但脉细。原法加减续进。拟方用：怀山药12克，补骨脂9克，炒狗脊9克，萸肉9克，熟地12克，炒谷芽10克，炒神曲10克，炒当归9克，泽泻9克，苡仁10克，砂仁1.5克，10剂。嘱煎剂停服后，继服“参苓白术丸”1～2个月，以资善后调补②。

按：本案患者为脾肾两虚，气血不足之证。其病程较长，脾肾两虚症状显著。面浮肿，饮食少，为脾虚；腰酸楚，为肾虚；面灰滞，脉细弱，为气血不足。故以六味地黄合四君为主，加补骨脂温脾肾，能治肾虚腰痛，而固精气；茯苓、猪苓、车前子、泽泻取其利尿而退浮肿；当归、白芍用以补血；谷芽、神曲用于健胃和中。服药后得到疗效，仍依原法，予参苓白术丸健脾益气，作善后调理。

---

① 朱古亭. 朱古亭临证录[M]. 杭州：浙江科学技术出版社，1992：119-120.

② 朱古亭. 朱古亭临证录[M]. 杭州：浙江科学技术出版社，1992：120-121.

（五）湿热煎熬，结成砂石证

症见尿痛尿频，神疲，舌苔薄黄，治宜清热利湿通淋。朱老应用通淋利尿之品时，加入行气药，能使气机流动，帮助药力运行，更利于结石排出。

患者原某，女，22岁。初诊：腰酸痛，尿意频，欲溲不爽，神倦纳呆。舌苔薄黄。治宜疏化。拟方用：炒鸡内金10克，金钱草15克，海金沙9克，泽泻9克，车前子9克，生甘草4克，桑寄生9克，制香附9克，广木香6克，炒谷芽10克，砂仁1.5克，瞿麦9克，7剂。复诊：药后腰酸减轻，精神胃纳进步，排出黄豆样结石1枚。再依原方损益。原方去桑寄生、瞿麦、香砂，7剂①。

按：本案患者为湿热煎熬，结为砂石证。根据X线检查，输尿管下段有黄豆大结石2枚。经淡渗利尿，合金钱草、海金沙利尿排石，鸡内金化食磨积，初服7剂药后从小便中排出结石1枚，依原法出入继进，加木香、砂仁、香附等调畅气机。

（六）心肾两虚，脾不健运证

症见心悸，头晕目眩，腰膝酸软，便溏，舌红脉沉，治宜补益心肾，运脾化湿。朱老治疗此证常心脾肾同治，调畅气机。

患者潘某，男，41岁。初诊：心悸胸闷，大便不实，且有遗精。治以益心肾，运脾阳。拟方用：茯苓9克，炒白术9克，党参12克，砂仁3克，益智仁9克，丹参9克，金樱子9克，莲须9克，苡仁9克，怀山药10克，龙骨15克，10剂。复诊：大便已成条形，遗精减少，胸闷心悸如故。拟方用：柏子仁9克，龙骨15克，广木香6克，丹参9克，党参12克，炙甘草5克，辰茯苓9克，砂仁3克，莲子12克，10剂②。

按：本案患者为心肾两虚、脾不健运证。心血虚不能养心，故心悸；气不宣行故胸闷；肾虚精关不固故遗精；脾阳不运则便溏。党参、白术、益智仁益气健脾；山药、莲子、金樱子补肾固精，丹参、茯苓、龙骨、柏子仁宁心安神；木香、砂仁宣行气机。诸药相合养心益肾，健运脾阳。

（七）肾气盛弱，下元不固证

症见遗精滑精，腰膝酸软，头晕，治宜益肾固元。朱老认为遗精之证，以虚象为多，热象较少，虚象无热者，为肾气不固；虚象有热者，为阴虚火

① 朱古亭. 朱古亭临证录[M]. 杭州：浙江科学技术出版社，1992：121-122.

② 朱古亭. 朱古亭临证录[M]. 杭州：浙江科学技术出版社，1992：122.

旺也。故治疗应以补益为主。

患者于某，男，31岁。初诊：常自遗精，腰酸膝软，头晕乏力。宜益肾气，固摄下元。拟方用：炙黄芪15克，金樱子12克，龙骨15克，牡蛎15克，五味子3克，菟丝子9克，广木香6克，砂仁3克，莲须9克，杞子9克，沙苑蒺藜9克，炒谷芽10克，神曲10克，7剂。复诊：药后遗精得止，腰酸亦和，唯夜寐欠酣。再宜补益心肾。原方去菟丝子、杞子、金樱子、砂仁，加麦冬、柏子仁各9克，7剂[①]。

按：本案患者为肾虚下元不固证。其遗精腰酸，头晕乏力，无热象，为肾气虚，下元不固，药以黄芪补气；金樱子、沙苑蒺藜、菟丝子、龙骨、牡蛎、五味子补肾摄精，而固下元；木香、砂仁调气运脾；谷芽、神曲运脾健胃。药以黄芪补气与补肾药同用，疗效可靠，气有固摄作用，气充则下元自固，气有鼓动作用，阳刚不振，亦由气虚无力鼓动，黄芪补气，气充则自能鼓动而振。

（八）肾虚湿滞，气化不利证

症见肢肿，小便不利，尿痛，舌红苔腻，脉细弦，治宜补肾利湿。朱老认为小便热涩刺痛，尿赤而浊，淋漓不畅者，为热淋；小便涩痛，或小便中断窘迫，腰酸有绞痛者为石淋；小便热涩刺痛有血者为血淋；小便混浊如泔，或有黏腻分泌物，热涩而痛者为膏淋；时痛时止，遇劳即发者为劳淋。综合而论，肾虚而膀胱有热，为淋证的基本病变。

患者宗某，男，28岁。初诊：小便不利，溲时尿道作痛，且带黏液沉淀。舌边红，苔黄腻，脉细弦。宜甘淡分利之法。拟方用：川萆薢9克，泽泻9克，车前子9克，猪苓8克，茯苓8克，麦冬9克，生甘草5克，瞿麦9克，生地12克，瓜蒌仁12克，郁李仁9克，石菖蒲4克，灯心1束，3剂。二诊：药后小便已得通利，尿液仍见浑浊，尿道尚有刺激感。而精神抑郁，沉默少言。拟养心肾而清膀胱。拟方用：石菖蒲4.5克，远志4.5克，泽泻9克，石韦9克，生地12克，麦冬9克，甘草5克，制香附9克，瓜蒌仁12克，丹参9克，炒谷芽9克，炙鸡内金9克，灯心1束，六味地黄丸12克（包煎），7剂。三诊：小便已利，精神渐见好转，胃纳亦增，脉细，舌薄黄，唯大便干燥，再循原法加减。拟方用：麦冬9克，百合12克，淮小麦15克，甘草4.5克，泽泻9克，茯苓9克，石韦9克，石菖蒲4.5克，北沙参9克，白芍9克，瓜蒌仁12克，

① 朱古亭. 朱古亭临证录[M]. 杭州：浙江科学技术出版社，1992：123.

六味地黄丸12克（包煎），12剂[1]。

按：本案患者初起小便不利，溲时尿道作痛，带有黏液沉淀，是肾虚湿热阻滞下焦，气机不利，清浊相混，脂液下流。湿热邪毒壅滞，当以祛邪为主，用甘淡分利之品，清其湿热，药用车前子、泽泻、猪苓、茯苓、瞿麦甘淡利尿通淋；萆薢善走下焦，利湿祛浊；灯心利湿泻热；菖蒲芳香化浊，利湿宣闭；瓜蒌仁、郁李仁滋润滑降，润肠通便；药后小便通利。患者因曾受精神刺激，见精神忧郁，沉默寡言，故用菖蒲、远志舒心气、畅心神；六味地黄滋养肾阴，药后忧郁之情绪渐见开创，以后精神好转，胃纳亦增。唯肠液不足，大便艰难，加百合、小麦养心安神；沙参、麦冬、白芍益气养阴，心肾并治。

朱老治疗肾病医案相较于其他系医案来说，记录较少，但医案无不详细，且用方用药有效，肾系疾病中记载的医案以淋证居多，且朱老认为淋证的基本病变为肾虚膀胱有热，这为治疗淋证起到很好的指导效果。

第五节　治妇科病经验

朱老传承了父亲朱仰庭擅治妇科病的特长，并进一步深究医理，博采众长，在妇科病的诊治上具有制方严谨，用药得当，疗效卓著的特点。据《朱古亭临证录》，朱老治疗妇科病的医案可分为以下十八种证型。

（一）宫颈癌术后，气阴两伤证

症见神疲乏力，烘热汗出，腹胀，口干舌燥，舌红脉细，治宜滋阴补气。朱老认为癌肿一证，为“癥瘕积聚”，耗伤气血，偏于阴伤为重，治疗宜滋阴补益为主。

患者陈某，女，44岁。初诊：宫颈癌手术后，烘热出汗，腹中气胀不舒，神疲纳呆，夜寐欠宁，口觉干燥。脉细，苔薄质红。治宜益气阴而潜虚阳。拟方用：麦冬9克，牡蛎20克，夜交藤15克，白芍9克，浮小麦9克，五味子3克，丹参9克，佛手片6克，制香附9克，炒谷芽10克，北沙参9克，金石斛10克，10剂。复诊：进气阴并补、潜虚阳之剂，烘热消除，胃纳、精神均有好转，气胀亦舒。唯夜寐不安、多梦纷纭。舌质偏红。再拟滋养宁心。拟方用：龙骨15克，牡蛎15克，麦冬10克，丹参9克，白芍9克，玄参9克，

① 朱古亭. 朱古亭临证录[M]. 杭州：浙江科学技术出版社，1992：123-124.

五味子3克，柏子仁9克，北沙参12克，茯苓9克，10剂[①]。

按：本案患者为宫颈癌术后，气阴俱伤。由于脏腑失调，气血与病邪持结，塞阻经络，日久以正气日衰，邪气日盛为后果。阴虚生热，故烘热出汗；肝失疏泄，影响脾之运化，故腹中气胀，神疲纳呆；心阴虚，神失敛藏，故夜寐不安，多梦纷纭。药用沙参、麦冬、白芍、石斛、丹参、五味子滋阴养液；牡蛎重镇安神，潜阳敛汗；香附、佛手疏肝理气；谷芽养胃和中。服药后，虚阳得以下潜，气机因而调舒，烘热消除，胀亦渐舒，纳食亦展，药病相报，故守原法养阴之中加龙骨、柏子仁，增强宁心安神之效。

（二）营气不足，月经愆期证

症见神疲面白，头晕失眠多梦，舌胖脉细弱，治宜益气养营。朱老治月经不调以调肝补肾为主，故治疗用补肝肾调肝之品为主。

患者陈某，女，32岁。下肢酸楚，月经愆期，腰背酸痛，头晕寐差多梦。脉细弱，舌胖嫩。治宜益养。拟方用：桑寄生9克，川续断9克，狗脊9克，党参12克，当归9克，百合15克，丹参15克，杞子9克，甘菊花6克，白芍9克，佛手片9克，柏子仁9克，7剂[②]。

按：本案患者为营气不足所致月经愆期证。下肢酸楚，腰背酸痛，为肾虚之象；头晕为肝阴虚，肝阳偏旺；寐况不佳，且多梦扰，为心阴虚，神不敛藏；月经愆期，脉来细弱，为营气不足，血脉不充。方用当归、白芍、丹参以养血；桑寄生、川断、狗脊补肝肾以强腰膝；百合、柏子仁养心安神；杞子、菊花清肝明目；党参、佛手调中益气。

（三）肝肾不足，冲脉不固证

症见月经量多，头晕头胀，肢麻，寐差，舌淡苔薄，脉细，治宜养血补肝益肾。朱老治疗此证常用平肝补肾药，合补血药。

杨某，女，45岁。初诊：月经量多，时间拖长；头晕胀痛，手指震颤发麻，寐欠安神。脉细弦，舌淡苔薄。乃营阴不足，血虚生风之象。治拟养血平肝。拟方用：炒当归9克，白芍9克，杞子9克，滁菊花6克，阿胶珠12克，钩藤9克，珍珠母15克，潼白蒺藜各6克，夜交藤15克，桑寄生9克，莲房炭9克，制香附9克，5剂。复诊：头晕胀减退，手指震颤亦定，唯仍有发麻，

① 朱古亭. 朱古亭临证录[M]. 杭州：浙江科学技术出版社，1992：125.

② 朱古亭. 朱古亭临证录[M]. 杭州：浙江科学技术出版社，1992：126.

月经9天而净，寐况较佳。拟益气养营。拟方用：当归9克，白芍9克，杞子9克，夜交藤12克，甘菊花6克，香附9克，党参12克，鸡血藤12克，桑寄生9克，大生地12克，7剂。三诊：诸恙均安，而四肢仍有发麻，乃血虚筋脉失荣。拟养血舒筋。拟方用：鸡血藤12克，夜交藤12克，桑寄生9克，炒当归9克，炒白芍9克，豨莶草9克，生黄芪12克，杞子9克，炙桂枝1.5克，炙甘草3克，10剂[①]。

按：本案患者肝肾不足，冲脉失固，故经量过多；血虚则筋脉失养，故四肢发麻；血虚生风，故手指震颤；头晕胀痛，为风阳上扰清空；血虚则心神少藏，故夜寐不安。药用当归、白芍、阿胶养血止血；杞子、菊花、蒺藜、石决明平肝潜阳，祛风明目；莲房炭消瘀止血；桑寄生补肝肾，利筋骨；香附调肝解郁。药后证情逐见改善，唯四肢仍觉发麻。故在原方基础上加减，养血舒筋。用黄芪益卫，当归、白芍和营，使营卫调和，筋脉得养。

（四）血崩之后，气血两虚证

症见神疲面白，肢麻，舌淡脉弱，治宜益气养血。朱老认为血崩以后，气血亏虚，所见均为虚象，故治疗以补益为主。

患者李某，女，43岁。初诊：血崩之后，四肢酸麻，视物昏糊，头晕耳鸣。舌淡脉细。治宜益养。拟方用：炒阿胶12克，杞子9克，甘菊花5克，白芍9克，炒当归9克，炙黄芪12克，桑寄生9克，鸡血藤12克，炒狗脊9克，炒谷芽10克，制香附9克，10剂。复诊：肢麻减轻，头晕耳鸣见瘥，仍有眼目昏花。舌质淡，脉细。人参养营汤加减为膏方调补。拟方用：党参15克，炒当归9克，白芍9克，五味子3克，杞子9克，熟地15克，炒白术9克，潼蒺藜9克，炙黄芪15克，甘菊花6克，桑奇生9克，茯苓9克，广木香8克，10剂。混合浓煎去滓后，加冰糖500克收膏贮存，每日2次，每次2汤匙，开水冲服[②]。

按：本案患者为血崩之后，气血两虚证，肝失血涵，故四肢酸麻；血不上荣，故视物昏花，头晕耳鸣。药用阿胶、当归、白芍养阴补血；黄芪益气补中；杞子、菊花补肝明目；桑寄生、狗脊能补肝肾，强筋骨；鸡血藤有活血舒筋作用。药后证情有所改善，但气血虚弱，未能骤复，须缓以调理，以人参养营汤加减，煎成膏剂，以资调补气血。除药饵外，必须注意饮食调养，使脾胃功能充旺，生化有源。

---

① 朱古亭. 朱古亭临证录[M]. 杭州：浙江科学技术出版社，1992：126-127.

② 朱古亭. 朱古亭临证录[M]. 杭州：浙江科学技术出版社，1992：127-128.

（五）湿浊下注，任带失约证

症见白带淋漓，心悸怔忡，舌红苔腻脉弦，治宜清热利湿，固精止带。朱老认为带下病，有白带、黄带、赤带之分，其病因有劳倦思虑伤脾，或素嗜辛辣厚味，或湿热内蕴等。

患者蒋某，女，39岁。初诊：白带绵绵，如脓浊样，病经7年不愈。近1年来，心悸怔忡，头晕少眠多梦，下肢骨热如烙，相继而至。舌红苔腻。下焦丧失过多，脂液亏耗，虚象已呈。先宜清化。拟方用：半边莲12克，黄柏4.5克，生苡仁12克，土茯苓15克，生地15克，滁菊花6克，制苍术9克，炙龟板20克，牡蛎20克，杞子9克，桑寄生9克，川楝子9克，7剂。二诊：进清化之剂，白带已见减少，而经水适来，少腹发胀，下肢仍有热感，阴虚内热，肝失疏泄也。原法加减进治。前方去苍术，加制香附9克，7剂。三诊：白带日见减少，而头晕少寐，腰酸膝软，大便欲解不爽。肾阴虚，肝阳偏旺。再宜益肾阴而潜肝阳。拟方用：桑寄生9克，夜交藤15克，杞子9克，土茯苓12克，川续断9克，麦冬9克，龙骨15克，牡蛎15克，白芍9克，椿根皮9克，柏子仁9克，甘菊花6克，大补阴丸12克（包煎），7剂。四诊：白带时有时无，但未尽除，而头晕、腰酸、寐劣之恙，因体虚之故，一时难即蠲除。宜清养之方，缓图恢复。拟方用：蒲公英9克，椿根皮9克，生苡仁12克，茯苓9克，桑寄生9克，杞子9克，滁菊花6克，麦冬10克，柏子仁9克，白芍9克，炒当归9克，夜交藤12克，大补阴丸12克（包煎），15剂[①]。

按：本案患者为湿浊下注，任带失约证，且其病带下七载之久。初由肾虚湿浊下注，带脉失约，任脉不固，故带下绵绵，如脓样，有秽气；久之导致阴虚火旺，故心悸、头晕、失眠、骨蒸。阴液耗伤，故舌红苔腻，湿浊之邪未清、已见肾阴亏损之候。首方偏重清湿解毒，略参养阴。复诊时证情有好转，经水适至，腹有胀感。加香附以疏肝理气，后带病基本好转，而见心、肝、肾阴虚症状，故用药侧重清养为主，缓以图变。

（六）肝肾阴虚，虚火内炽证

症见目干，肢麻，腰膝酸软，舌红脉数，治宜清热补益肝肾。朱老认为月经量多，可因气不摄血或血热妄行。若脾虚气弱，胞脉不固，不能统血者，必色淡质稀，面色萎黄，神倦乏力，舌淡脉虚；血热妄行者，必色红，心烦内热，唇干尿黄，舌红脉细数。治疗此证常用白薇、地骨皮清退虚热，

① 朱古亭. 朱古亭临证录[M]. 杭州：浙江科学技术出版社，1992：128-129.

桑寄生滋补肝肾。

患者张某，女，43岁。初诊：月经量多，淋漓不净，血色鲜红。烘热阵作，五心烦热，头晕腰酸。脉细数，舌质红绛。治宜清热固经。拟方用：黄芩6克，白薇9克，山栀炭9克，地骨皮9克，侧柏炭9克，旱莲草12克，女贞子12克，杞子9克，甘菊花6克，白芍9克，生地12克，桑寄生9克，龟板30克，7剂。二诊：药后经水已净，烘热已平，而五心烦热，头晕腰酸未除。舌红转淡，而见胖嫩。肝肾不足，虚热内生。拟养阴清热。拟方用：杞子9克，滁菊花6克，桑寄生9克，地骨皮9克，旱莲草12克，女贞子12克，生地12克，白芍9克，太子参12克，龟板30克，炒谷芽10克，7剂。 三诊：养阴以退虚热。拟方用：白薇9克，白芍9克，杞子9克，银柴胡4. 5克，生地12克，女贞子12克，柏子仁9克，旱莲草10克，桑寄生9克，制香附9克，藿香9克，佩兰9克，炒谷芽9克，龟板20克，7剂①。

按：本案患者为肝肾阴虚，虚火内炽证。肝肾虚火内炽，烘热阵作，血为热灼，故经多色红；五心烦热，头晕腰酸，舌红绛，脉细数，均为肝肾阴虚之症。药用黄芩苦泄坚阴；白薇清冲海之热；山栀、侧柏、旱莲草、龟板、生地滋阴清热凉血；女贞子、地骨皮、白芍益肝肾；桑寄生补肾强腰；甘菊花滋水清肝。服药之后，经水见净，而阴虚内热之象未即蠲除。依原法加减，以益肝肾之阴而退虚热。

（七）脾气虚弱，血不归经证

症见出血，腹胀，肢体倦怠，神疲乏力，舌淡苔白，脉弱，治宜补脾益气。朱老常用归脾汤益气补血健脾。

患者周某，女，46岁。初诊：月经量多如崩，经治疗血已减少，但未全止，神疲倦，面萎黄，头晕少寐。舌质淡，脉软弱。拟归脾法加减，拟方用：炒白术9克，党参12克，炙黄芪12克，广木香6克，白芍9克，炒当归9克，茯神9克，远志4.5克，炒枣仁9克，蒲黄炭9克，桑寄生9克，炒谷芽10克，神曲10克，5剂。二诊：血崩已止，气血两虚，头晕少寐，神疲腰酸。舌淡脉弱。原法加减为治。原方去蒲黄炭，加川断9克，7剂。三诊：血崩止后，头晕神疲，宜补益。上方加杞子9克、滁菊花5克、制首乌9克，7剂②。

按：本案患者为脾虚中气不足，冲任固摄无权，发为崩漏。神疲面萎黄，舌淡脉细弱，头晕少寐，为气血不足，心脾两虚之象，药用白术、黄

① 朱古亭. 朱古亭临证录[M]. 杭州：浙江科学技术出版社，1992：130.

② 朱古亭. 朱古亭临证录[M]. 杭州：浙江科学技术出版社，1992：131.

芪、白术、甘草补脾益气生血；茯神、远志、枣仁宁心安神；木香理气醒脾。初诊因血未尽止，加蒲黄炭以止血。二诊血止，腰酸，故去蒲黄炭，加川断益筋骨而强腰。三诊因精血不能上荣而头晕，故加杞子、首乌滋肝肾之精血，菊花平肝木之风阳。气血恢复，心肝得养，其病自愈。

（八）肝失条达，脾湿下注证

症见头痛头晕，白带异常，寐差，治宜疏肝理气，健脾利湿。朱老治疗此证常用四物汤加理气活血药。

患者缪某，女，46岁。初诊：腰背酸楚，白带常多，头晕少寐，腹中气聚成瘕，有移动性。苔腻纳呆。治当健脾益肾，调肝疏气。拟方用：制香附9克，广木香6克，制苍术9克，藿香9克，佩兰9克，川续断9克，狗脊9克，苡仁10克，制川朴5克，陈皮5克，杞子9克，怀山药10克，7剂。二诊：药后腹中较舒，白带减少，胃纳略开。腰背酸楚未除，寐况仍未改善。守原法加减以治。拟方用：川续断9克，桑寄生9克，制香附9克，苍术9克，山药10克，益智仁9克，柏子仁9克，合欢皮9克，苡仁12克，茯苓9克，陈皮5克，7剂。三诊：寐况、胃纳进步，腰背酸楚减轻，白带亦止。昨日月汛适至，少腹痛，且有瘀块，乃肝失疏泄，血脉瘀阻。拟疏肝气，和血调经。拟方用：益母草12克，当归9克，赤芍5克，白芍5克，制香附9克，延胡索9克，川芎6克，川楝子8克，橘核9克，炙甘草4克，3剂。四诊：进药后瘀块已消，腹痛遂减，血量不多，平素月经四五天而净，再拟轻剂疏理之。拟方用：炒当归9克，白芍9克，细生地10克，制香附9克，茺蔚子6克，桑寄生9克，川芎4克，炙甘草4克，茯苓9克，川续断8克，3剂①。

按：本案患者为肝失条达，脾湿下注证。其始因脾肾两亏，水湿下注而为带，肝气郁结而成瘕。药用香附、木香、藿香、佩兰芳香疏肝行气；川断、狗脊滋补肝肾。诸药相合，健脾燥湿，补益脾肾。药后病情次第改善，继而发生痛经，属气滞血瘀，加益母草、当归活血，瘀消痛减，经带之病，先后而愈。

（九）肝肾阴虚，虚热扰冲证

症见月经先期，量多，头痛头晕，寐差，舌红脉数，治宜清热养肝益肾。月经周期提前1周以上，称月经先期或月经超前。朱老认为外感热邪内扰，情志郁结化火，久病阴虚火旺等均能使月经先期而至。

① 朱古亭. 朱古亭临证录[M]. 杭州：浙江科学技术出版社，1992：133.

患者姜某，女，36岁。初诊：肝肾阴虚，虚热扰动冲任，月汛超前，鲜红量多。心肝失养，风阳易升，头晕心悸，而寐不安，腰酸神倦。脉细弦。舌偏红。治拟益肾固冲，养心平肝。拟方用：生地12克，白芍9克，杞子9克，滁菊花6克，旱莲草10克，女贞子12克，柏子仁9克，夜交藤12克，桑寄生9克，太子参15克，侧柏炭9克，牡蛎15克，7剂。二诊：月经已净，手足心热，心悸易惊，寐多梦扰。脉舌如前。再拟滋养。拟方用：银柴胡4.5克，白薇9克，杞子9克，甘菊花6克，夜交藤15克，辰茯苓9克，生地15克，麦冬9克，白芍9克，制香附9克，龙骨20克，7剂。三诊：心悸已缓，寐况改善，头晕亦安，手足仍有热感，乃阴虚内热之象。拟养阴清热为治。拟方用：白薇9克，生地12克，白芍9克，女贞子10克，旱莲草9克，银柴胡5克，麦冬9克，夜交藤12克，太子参12克，7剂[①]。

按：本案患者为肝肾阴虚，虚热扰冲证。肝肾阴虚，虚火扰动，冲任受热，血得热而妄行，故月经超前，血鲜红量多，伴有头晕、少寐、腰酸等证，舌质偏红。药用生地、白芍、女贞子、旱莲草、侧柏等养阴清热止血；麦冬、柏子仁清心安神；杞子养肝之阴；菊花清肝之阳；银柴胡、白薇退虚热。

（十）气机郁结，血脉瘀阻证

症见痛经，胸胁不适，苔薄，脉弦，治宜理气活血通经。痛经一证，多因气血受阻，故朱老治疗此证常用芍药甘草汤加味。

患者何某，女，36岁。初诊：月经涩少，小腹阵痛，痛则拒按，腰酸多带。脉细弦，苔薄腻。治当疏气理血以调经。拟方用：延胡索9克，制香附9克，炒当归9克，橘核9克，川楝子9克，川芎6克，赤芍6克，白芍6克，益母草12克，失笑散10克（包煎），3剂。复诊：服药2剂，血来较畅，痛遂减轻，不拒按，而腰仍酸楚，经水将净。拟轻剂疏调之。拟方用：白芍9克，炙甘草4克，炒当归9克，制香附9克，桑寄生9克，川续断9克，茺蔚子6克，橘核9克，生地黄10克，7剂[②]。

按：本案患者为气机郁结，血脉瘀阻证。气机郁滞，血行受阻，不通则痛，任带受损，故腰酸多带。药用当归、川芎、白芍以理血；延胡索、香附、川楝、橘核利气；益母草、失笑散活血化瘀。使气行瘀化，血脉通利，则痛止经调。后以当归、白芍、地黄、川断、桑寄生养血益

① 朱古亭. 朱古亭临证录[M]. 杭州：浙江科学技术出版社，1992：134-135.

② 朱古亭. 朱古亭临证录[M]. 杭州：浙江科学技术出版社，1992：135-136.

肾而和奇经。

（十一）肝失疏泄，冲任失调证

症见月经不调，淋漓不尽，治宜疏肝，调理冲任。朱老认为治疗此证活血药不宜过重，如川芎、当归、赤芍、丹参、益母草，延胡索之类即可；桃仁、红花、失笑散之类活血之力过重，恐反伤新血。

患者傅某，女，26岁。初诊：月经不调，常有见红，小腹作痛。拟疏肝理气，养血调经。拟方用：川楝子9克，制香附9克，延胡索8克，丹参9克，茺蔚子8克，炒当归9克，白芍9克，赤芍9克，川芎6克，炙甘草4克，旱莲草9克，女贞子10克，3剂。复诊：出小血块后，漏红遂止，腹痛缓解。再拟疏调。拟方用：制香附9克，白芍9克，当归9克，大生地12克，桑寄生9克，旱莲草9克，女贞子10克，炙甘草4克，茺蔚子8克，7剂[①]。

按：本案患者为肝失疏泄，冲任失调之证。气机郁滞，血行受阻，故小腹作痛，时时漏红。药用川楝子、延胡索，香附理气机之郁滞；当归、川芎、丹参、白芍、茺蔚子理血行瘀；女贞子、旱莲草和阴止血，活血化瘀敛血。服药3剂，出小血块，痛即缓解，漏红即止。所谓瘀血不去，则新血不能归经。痛解血止，用和血调经之剂，以善其后。治疗经漏，用养血固经药不效时，即可考虑瘀血不去，新血不能归经，用理气活血行瘀之药。

（十二）肝肾不足，奇经受损证

症见腰膝酸软，经行异常，头晕心悸，寐差，治宜补肝益肾。朱老治疗此证时每投腥臭之品，如乌贼骨、线鱼胶、海螵蛸等固精摄带，效果多佳。

患者李某，女，33岁。初诊：月经量多、腰痛带下；头晕心悸，夜寐不安，腹中气胀，气升呕逆，脉细弦。苔薄腻。病经半载，难期速效。宜益肾疏肝，调理冲任。拟方用：佛手片9克，制香附9克，炒枣仁12克，夜交藤15克，桑寄生9克，川续断9克，乌贼骨9克，旱莲草9克，杞子9克，滁菊花6克，白芍9克，牡蛎15克，怀山药10克，7剂。复诊：来信所述服药后，呕逆已止，寐况改善，胃纳亦增，腹中气胀渐消。唯腰酸带下，仍未见愈。再依原方加减，服15剂。拟方用：椿根皮9克，菟丝子9克，桑寄生9克，怀山药12克，川续断9克，牡蛎15克，杞子9克，杜仲9克，制香附9克，茯苓9克，夜交藤15克，7剂[②]。

---

① 朱古亭. 朱古亭临证录[M]. 杭州：浙江科学技术出版社，1992：136.

② 朱古亭. 朱古亭临证录[M]. 杭州：浙江科学技术出版社，1992：137.

按：本案患者为肝肾不足，奇经受损。奇经隶于肝肾，肝肾一虚，则奇经不能固摄，故月经量多，腰酸带下；经量多，血去阴伤，阳易浮越，故头晕心悸；肝血不足，不能遂其疏泄条达之性，则肝气横逆，上升不畅而犯胃，故腹胀呕逆。药用佛手片、香附疏肝和胃理气；代赭石重镇降逆止呕；杞子、白芍养肝阴；菊花清肝阳；山药滋补脾肾；牡蛎重镇潜阳安神，收涩止带；乌贼骨长于收敛，既能止血，又能涩精止带。药后，诸证逐渐消失，唯腰酸带下未愈，乃肾虚奇脉不固，精液滑脱而下。用菟丝子、杞子、山药、杜仲、川断、牡蛎等益肾固摄。

（十三）脾肾阳虚，寒湿下注证

症见痛经，四肢冷，舌淡苔白，脉沉，治宜温脾益肾化湿。朱老治疗此证常用干姜、附子等温阳，加温脾补肾之品。

患者魏某，女，18岁。初诊：经期腹痛，腰酸多带，清稀如水，两足浮肿，四肢清冷不温。舌淡苔白，脉沉细。治拟温化。拟方用：制附子6克，干姜3克，炒白术9克，茯苓10克，艾绒炭3克，乌药6克，炒苡仁12克，炒当归9克，西党参15克，广木香6克，延胡索9克，补骨脂9克，5剂。二诊：药后肢冷转温，白带减少，足肿较退，而脉舌如前。仍守原法为治，拟方用：炮姜炭3克，淡附子3克，炒白术9克，艾绒3克，制香附9克，当归9克，茯苓9克，苡仁12克，西党参12克，益智仁9克，炒谷芽10克，7剂。三诊：肢温肿退，白带症状好转，脉舌已见改善，纳食增。参苓白术法加减以调之。拟方用：西党参12克，炒白术9克，怀山药12克，砂仁3克，茯苓9克，炙甘草4克，炒当归9克，制香附9克，炒白芍9克，益智仁9克，狗脊9克，炒苡仁10克，7剂。四诊：诸恙已安，宜养血益气以善其后。予归芍六君丸500克，每日2次，每次9克[①]。

按：本案患者为脾肾阳虚，寒湿下注胞宫，气血运行受阻，故经期腹痛；湿为阴邪，易伤阳气，不能温煦肢体，则四肢清冷；带脉失约，任脉不固，则腰酸多带，清稀如水；舌淡苔白，脉沉细，为阳虚寒盛之征。药用干姜、附子温阳散寒；补骨脂温脾补肾固涩；党参、白术补脾益气；茯苓、苡仁健脾渗湿；乌药、木香芳香行气止痛；当归理血；艾绒温经活络。诸药相合补脾益肾，温化寒湿。

（十四）月经过多，心脾两虚证

症见经期延长，心悸失眠，神疲，舌淡苔白，脉细弱，治宜补脾益心。

① 朱古亭. 朱古亭临证录[M]. 杭州：浙江科学技术出版社，1992：138-139.

朱老治疗此证常用归脾汤调补心脾，且因月经过多，需同用补血药。

患者方某，女，46岁。初诊：月经量多，且时间长，有时十多天始净；心悸少眠，神疲面白。舌胖少苔，脉细弱。治宜调补心脾。拟方用：西党参15克，炙黄芪15克，远志4.5克，炒枣仁10克，炒白术9克，广木香6克，炒当归9克，茯神9克，炙甘草5克，炒谷芽10克，陈皮5克，7剂。复诊：寐况改善，胃纳增，心慌易惊。原法继进以调之。原方加龙齿15克，10剂[①]。

按：本案患者因经量过多，久之心脾两虚，故心悸少眠、神疲面白。归脾汤为气血两虚之主方，方中党参、黄芪升阳补气；白术补脾益气；当归养心补血；茯神、远志、枣仁宁心安神；木香理气醒脾；谷芽、陈皮健脾和胃；炙甘草调和诸药，各药合用，益气补血，健脾养心。

（十五）阴虚肝旺，任带不固证

症见头晕耳鸣，寐差，经血不固，治宜滋阴平肝。朱老认为此证需肝肾同补，故常用杞菊地黄丸滋补肝肾。

患者华某，女，33岁。初诊：头晕耳鸣，夜寐不安，小便急且次数多，腰酸带下。治拟益肝肾，固奇经。拟方用：杞子9克，甘菊花6克，菟丝子9克，覆盆子9克，怀山药12克，炒枣仁12克，远志4.5克，茯苓9克，狗脊9克，炒当归9克，益智仁9克，5剂。二诊：尿急尿频情况见好，寐况略有改善，白带亦有减少。病药既合，守原法增减治之。拟方用：杞子9克，甘菊花6克，山药12克，茯苓9克，菟丝子9克，补骨脂9克，炒当归9克，白芍9克，远志4.5克，炒谷芽9克，陈皮4.5克，7剂。三诊：寐已安，唯多梦，白带亦不多，头晕亦平。拟肝肾并补，用丸剂缓图恢复。杞菊地黄丸500克，每日3次，每次9克[②]。

按：本案患者为阴虚肝旺所致任带不固证。肝肾两亏，奇脉不固，故尿频尿急、腰酸带下；阴虚肝旺，故头晕耳鸣，夜寐不安。治疗宜用滋肾养肝、固涩精气之品，如覆盆子、菟丝子、狗脊、益智仁等补肾固精，止带缩小便；杞子补益肝阳；菊花清肝潜阳；远志、茯苓、枣仁、当归补血养心安神；山药益肾；陈皮、谷芽养胃和中理气；患者症状明显好转后，以杞菊地黄丸滋养肝肾，令其逐渐恢复。

（十六）血少涵肝，风阳上旋证

症见头晕或胀，神疲，舌淡少津，脉细数，治宜养血滋阴平肝。朱老治

① 朱古亭. 朱古亭临证录[M]. 杭州：浙江科学技术出版社，1992：140.

② 朱古亭. 朱古亭临证录[M]. 杭州：浙江科学技术出版社，1992：140-141.

疗此证以补血为主，血生则肝风自熄。

患者薛某，女，32岁。初诊：月经量多，头晕重胀。舌质淡，边有齿形，脉细弦。治拟养血平肝。拟方用：白芍9克，当归9克，杞子9克，甘菊花6克，石决明20克，旱莲草12克，女贞子12克，桑椹子9克，细生地12克，潼白蒺藜各6克，制香附9克，5剂。复诊：经净4天，头晕重胀减轻，原法继进。照上方去香附，加炒谷芽9克，7剂①。

按：本案因患者月经量多，血少导致血不养肝。风阳上扰清空，故头晕重胀。药用当归、地黄、白芍滋阴养血；女贞子、旱莲草补肝肾；蒺藜、菊花、石决明清肝潜阳；桑椹子甘寒滋补兼能熄风；白蒺藜散风热，潼蒺藜补肝肾；杞子养肝明目。

（十七）肝旺脾弱，健运失常证

症见经血量多，胸胁胀闷，食少，便溏，治宜疏肝健脾。朱老治疗此证常用痛泻要方调和肝脾，香砂六君健脾和胃。

患者郑某，女，28岁。初诊：月经量多，淋漓不尽，神疲困倦，便前腹痛，便质稀，胃纳少。舌苔少，脉细弱。治宜益气健脾，疏肝和胃。拟方用：西党参15克，炒白术9克，茯苓9克，制香附9克，白芍9克，炒防风4.5克，陈皮4.5克，仙鹤草10克，茜草炭9克，炒谷芽9克，益智仁9克，香砂六君丸12克（包煎），7剂。二诊：漏红已止，大便亦见改善，胃纳增，苔少脉细弱。治以和养为主。拟方用：茯苓9克，西党参15克，炒白术9克，炒白芍9克，炙甘草4克，陈皮4.5克，炒谷芽9克，益智仁9克，制香附9克，当归9克，香砂六君丸12克（包煎），7剂。三诊：服药以来，精神胃纳改善，大便亦得正常，循原法为先，养血健脾以善后。拟方用：西党参15克，炒白术9克，茯苓9克，炙甘草4克，炒当归9克，炒白芍9克，陈皮4.5克，苡仁9克，怀山药9克，7剂②。

按：本案患者为脾弱气虚，统血功能失常，发为崩漏。脾虚不升，健运失常，故神疲困倦，纳少便溏；大便之前常腹痛，为肝木内郁；脾虚肝郁，苔少脉细弱。方用异功散合痛泻要方健脾理气，调和肝脾；加仙鹤草、茜草炭取其止血之功；谷芽益胃；益智仁固脾肾止泻；香砂六君丸健脾胃，调中气。

（十八）脾阳不足，经行泄泻证

症见月经不调，便溏，神疲，舌淡苔白，脉弱，治宜益气健脾。月经先

① 朱古亭. 朱古亭临证录[M]. 杭州：浙江科学技术出版社，1992：141.

② 朱古亭. 朱古亭临证录[M]. 杭州：浙江科学技术出版社，1992：142.

后不定期为临床常见病，尤以青年妇女多见。朱老认为肝郁、脾肾虚、血虚等多导致此病的发生。

患者章某，女，26岁。初诊：月经先后不定期，且经量多，经行时大便溏，足微肿，神困乏力，脉弱，舌淡。以益气健脾为治。拟方用：西党参15克，怀山药12克，炒白术9克，炒苡仁12克，带皮茯苓9克，黄芪12克，白芍9克，益智仁9克，广木香6克，扁豆9克，炮姜3克，7剂。二诊：服药7剂后，大便由日行五六次减至一二次，呈糜便状；经期结束，精神胃纳稍有好转。药已见效，可守原法进治。拟方用：怀山药12克，炙黄芪12克，益智仁9克，陈皮6克，炒白术10克，茯苓10克，苡仁12克，西党参15克，扁豆9克，制香附9克，砂仁3克，7剂。三诊：大便正常，胃纳增，足肿消退。脉有力，舌质淡红。用归芍六君丸加减。拟方用：炒当归9克，白芍9克，茯苓9克，西党参15克，炙黄芪12克，炒白术9克，制香附9克，砂仁3克，苡仁12克，炙甘草4克，香砂六君丸12克（包煎），10剂①。

按：本案患者素体脾胃虚弱，所出现的症状多属于脾阳不足引起的症候，称为“经行泄泻”。脾虚统血无权，故月经量多；中阳不运，气湿下行，故大便溏，两足肿，精神困倦乏力，脉弱，舌质淡。首方四君子汤是益气健脾的代表方，方中党参益气补中；茯苓渗湿健脾；白术健脾燥湿；又加用黄芪取增强补气之功；苡仁渗湿退肿；白芍和阴血；木香宣畅气机；益智仁、吴茱萸温补脾肾之阳。全方既具有益气健脾之功，又兼具温运中阳之效。二、三诊两方是在补气健脾的基础上适当加减而成，主要使脾胃之气恢复如初，脾胃为气血生化之源，脾胃功能正常，患者自复。

朱老治疗妇科疾病以肝脾为主，女子以肝为先天，肝脾肾功能失常皆可导致妇科诸病，针对不同的主证，采取的方法也各不相同：出血者以止血为第一要务，虚者以补益为先，瘀者以行瘀为主。夏瑢曾撰文总结朱老治疗妇科病的经验主要有：月经不调，疏肝补肾；崩漏摄血，注重益气；治疗痛经，善用经方；闭经分类，审因论治；绝经前后，滋水涵木；带下绵绵，屡投腥臭②。

① 朱古亭. 朱古亭临证录[M]. 杭州：浙江科学技术出版社，1992：142-143.

② 夏瑢. 朱古亭教授诊治妇科病经验举隅[J]. 浙江中医学院学报，1993（3）：24-25.

第五章

学术成就

第一节　医学有新见

朱老在长期的中医理论研究和中医诊疗实践中，形成了自己独特的中医学思想，其中对传统中医学思想既有继承，也有创新。现举其要者，略述如下。

一、“气”论

对于气的概念，朱老认为：“凡人体的代谢物质和机能活动，都要依靠气的作用。气是人体流动着的、肉眼看不见的微细精微物质，是构成人体，维持生命活动的物质基础。”[①] 精气血津液神理论是学习中医学的基础，气作为基础理论之一，历来就是医家研究的重点。

“气”最初的含义是指空中飘动的云或是云层飘动[②]，经过不断地延伸和演变，“气”被赋予更多的含义。老子说“冲气以为和”[③]，这里的“气”是一种哲学观念，指阴阳二气相互冲突调和成为新的状态，是“道”的产物。哲学之气是抽象的，演化后代表着宇宙的本原。后来“气”被引入医学理论中，被赋予了更丰富的含义。气在《内经》中是一个广泛的概念，例如，有指本原之气者，“虚者，所以列应天之精气也”[④]；有指人体生殖之精气，“男不过尽八八，女不过尽七七，而天地之精气皆竭也”[⑤]；有专

① 朱古亭. 气的生理、病理与治疗[J]. 浙江中医杂志，1987（1-12）：4-6.

② 赵博. 气一元论与《内经》气化理论形成的探讨[J]. 陕西中医，2007（1）：70-73.

③ 王玉玲，谷炳喜. 篆书老子・道德经[M]. 北京：金盾出版社，2014：108-109.

④ 黄帝内经素问[M]. 田代华，整理. 北京：人民卫生出版社，2005：132.

⑤ 黄帝内经素问[M]. 田代华，整理. 北京：人民卫生出版社，2005：2.

指水谷之精气者，“饮入于胃，游溢精气”[①]。《内经》中体现的“气”既是本原，又是自然界和人体之气；既是一种物质又承担着相应的功能。《难经》中说道：“气者，人之根本也。”[②]《素问》曰：“正气存内，邪不可干。”[③] 这两者分别强调的是气作为物质的重要性和其防护功能。在中医理论中，气代表着多种含义，如正气中的“气”即指能对抗疾病之气；邪气中的“气”泛指各种致病因素；五运六气中的“气”指自然界不同的气候；还有各脏腑之气，如心气、脾气、胃气；等等。

近现代以来，中医学界对气的概念一直有争论，有的认为气就是物质，有的认为气既是物质又具有功能，两者皆有据可依。从朱老的论述中可以看出，他认为“气”既是一种物质，同时也有相应的作用，这与1982年编写的《中医基础理论》中“气是构成人体的基本物质，也是人体生命活动的物质基础之一，同时是人体各种生命活动的表现形式”[④] 的论述类似，都在秉承《内经》理念的同时，融入了现代医学的见解。

在气的分类上，朱老认为属于整体的气有三种：宗气、中气、元气。“宗气者，动气也。凡视听言动各种机能，皆宗气之功用也。”“中气的主要功用，是腐熟饮食，以滋营卫，升清降浊，运化四方。”“元气是机体发育繁衍之根源。”[⑤]《读医随笔·气血精神论》曰：“宗气者，动气也，凡呼吸、语言、声音，以及肢体运动，筋力强弱者，宗气之功用也。”[⑥] 朱老的说法与此大致相同。《灵枢·邪客》曰：“宗气积于胸中，出于喉咙，以贯心脉，而行呼吸。”[⑦] 宗气在最开始主要行使其推动血液运行和助呼吸之功，而朱老则倾向于在此基础上赋予宗气更多的功能，他认为宗气可影响到人体各种生理活动。黄元御说：“脾为己土，以太阴而主升；胃为戊土，以阳明而主降。升降之权，则在阴阳之交，是谓中气。”[⑧] 他认为中气为脾胃阴阳交合。朱老对中气的理解更重视脾胃的腐熟运化饮食之功。《内经》中没有“元气”这个说法，但有“真气”一说。《灵枢·刺节真邪》曰：“真

---

① 黄帝内经素问[M]. 田代华，整理. 北京：人民卫生出版社，2005：45.

② 孙桐. 难经[M]. 北京：中国医药科技出版社，1998：10.

③ 黄帝内经素问[M]. 田代华，整理. 北京：人民卫生出版社，2005：207.

④ 邓铁涛. 中医基础理论[M]. 广州：广东科技出版社，1982：37.

⑤ 朱古亭. 气的生理、病理与治疗[J]. 浙江中医杂志，1987（1-12）：4-6.

⑥ 郑红斌，包素珍. 内经精要译注[M]. 北京：中国中医药出版社，2016：147.

⑦ 灵枢经[M]. 田代华，刘更生，整理. 北京：人民卫生出版社，2005：135.

⑧ 黄元御. 四圣心源校注与验案[M]. 赵文举，吕宇剑，校注.沈阳：辽宁科学技术出版社，2017：59.

气者，所受于天，与谷气并而充身也。”[①] 这里所说的真气与元气并无二致，都表示先天之气。

朱老的“气”论，并不只限于论述气的概念、分类，他对气的生理、病理和治疗更有自己的独特见解。在气的生理功能方面，前人认为气具有推动、温煦、气化、固摄、生殖和发育功能，朱老进一步提出气具有平衡作用，指出：“气能主持人体动态平衡，构成统一整体。”[②] 中医讲求整体观念，认为人体是一个有机的整体，气能走行于全身。朱老认为气具有维持人体动态平衡的功能，他的这种观念颇有说服力。当气的正常生理功能无法维持时，就会产生一系列的病理变化。《素问·举痛论》曰：“余知百病生于气也。怒则气上，喜则气缓，悲则气消，恐则气下，寒则气收，炅则气泄，惊则气乱，劳则气耗，思则气结。”[③] 九气之病多为情志伤而为病，故朱老强调气的病理主要为七情致病：“七情生于五脏，任何剧烈的情志变动，都能导致相应脏气的病变。”针对气的病理表现，对应的治疗必不可少，气滞者予以行气，气陷者予以升气，气虚者予以补气等。总而言之，朱老的“气”论是《内经》理论的继承与发展。

二、妇科疾病诊治理论

（一）肝郁

“肝郁”一症并不是女性所独有，但叶天士认为：“女子以肝为先天。”[④] 可见肝对于女性生理病理尤为重要，故而将此作为妇科疾病论述。根据肝的特性，朱老就“肝郁”作了详细分析。“肝郁先由肝气郁结，而后影响脏腑经脉而反映出各种不同的证候。”[⑤] 然后分别描述了肝郁对于精神情志、血液循环、消化运动等各方面的影响：“如侵犯脾胃，则胃脘痞塞，嗳气吞酸，甚则腹痛、呕逆、大便失常……血虚之人，每兼头晕心悸、健忘少寐……气郁化火，兼头痛面红、心烦易怒或火逆作咳、咽痒而痛。”肝郁证变化多样与肝本身的特性是分不开的，唐容川认为：“肝属木，木气冲和

① 灵枢经[M]. 田代华，刘更生，整理. 北京：人民卫生出版社，2005：150.

② 朱古亭. 气的生理、病理与治疗[J]. 浙江中医杂志，1987（1-12）：4-6.

③ 黄帝内经素问[M]. 田代华，整理. 北京：人民卫生出版社，2005：78.

④ 叶天士. 临证指南医案[M]. 北京：华夏出版社，1995：498.

⑤ 朱古亭. 朱古亭临证录[M]. 杭州：浙江科学技术出版社，1992：9-10.

条达。"[①]木气的冲和条达很好地比喻了肝的疏泄之功。《素问·灵兰秘典论》："肝者，将军之官，谋虑出焉。"《素问·六节脏象论》："肝者，罢极之本，魂之居也。"[②]肝的疏泄之功还体现在调畅情志方面，当肝气郁结，疏泄之功失司时，就能产生精神情志、消化吸收、气机等方面的变化。

肝郁病机症状复杂，治疗就更需辨证论治。朱老根据病因病机的不同，提出不同的治法："疏肝解郁法，用于肝气横逆，胸胁胀痛为主证……调肝和胃法，用于胃脘痞胀，呕逆吞酸，腹痛便溏为主证……理气化痰法，用于痰气上凝、咽喉梗阻为主证……养阴柔肝法，用于阴血不足、头晕少寐、胸胁胀痛为主证……平肝清火法，用于肝郁化火、头痛心烦，或咽痒干咳为主证……活血通络法，用于郁久血瘀阻络、胸胁刺痛、面晦舌紫为主证。"[③]

主证不同，相应的治法随之变化。肝气横逆、胸胁胀痛为主证者，盖因长期情志不畅导致气机郁滞，朱老认为宜疏肝解郁为主，方用逍遥散加减。逍遥散出自《太平惠民和剂局方》，"功能主治：疏肝养血，健脾和中。"[④]赵羽皇对逍遥散有专门的解释："肝为木气，全赖土以滋培，水以灌溉。若中土虚则木不升而郁；阴血少则肝不滋而枯。方用白术、茯苓者，助土得以升木也；当归、芍药者，益营血以养肝也；薄荷解郁；甘草和中；独柴胡一味，一以厥阴之报使，一以升发诸阳。经云：木郁则达之。遂其曲直之性，故名逍遥。"[⑤]张秉成也说："此方以当归、白芍之养血，以涵其肝；苓、术、甘草之补土，以培其本；柴胡、薄荷、煨生姜俱系辛散气升之物，以顺肝之性，而使之不郁。"[⑥]朱老则在逍遥散的基础上善加郁金、香附之类，取其行气解郁之功。

肝郁不疏，易横逆犯胃，朱老常用左金丸合金铃子散。关于金铃子散有几种说法，方药也有所差异，有说金铃子散（川楝子、巴豆）主治气疝者[⑦]；有用其（川楝、小茴香、补骨脂、桂心、木香）主治"产时寒气客于

---

① 唐宗海. 血证论[M]. 天津：天津科学技术出版社，2003：8.

② 黄帝内经素问[M]. 田代华，整理. 北京：人民卫生出版社，2005：17-20.

③ 朱古亭. 朱古亭临证录[M]. 杭州：浙江科学技术出版社，1992：10-11.

④ 太平惠民和剂局. 太平惠民和剂局方[M]. 刘景源，整理. 北京：人民卫生出版社，2017：266.

⑤ 姚建平，李青雅. 中医实用经典100方[M]. 郑州：河南科学技术出版社，2016.12：65.

⑥ 袁端红，郭礼跃. 疏肝养肝滋阴补血中草药及处方[M]. 贵阳：贵州科学技术出版社，2014：46.

⑦ 盛增秀，盛增秀. 医论选[M]. 北京：中医古籍出版社，2015：75.

子门，入于小腹”[①]；有用其（金铃子肉、巴豆、茴香）治膀胱疝气者[②]。《素问病机气宜保命集》中描述金铃子散（金铃子、延胡索）“二味相配，一泄气分之热，一行血分之滞，使肝火得清，气机通畅，则诸痛自愈”[③]。朱老用金铃子散主治肝郁犯胃证应是取其行气疏肝之效，故应为金铃子、延胡索两味药。

痰气上凝，咽中梗阻，朱老取半夏厚朴汤。此方出自《金匮要略》：“妇人咽中如有炙脔，半夏厚朴汤主之。”[④]《医宗金鉴·订正仲景全书金匮要略注》：“咽中如有炙脔，谓咽中有痰涎，如同炙肉，咯之不出，咽之不下者，即今之梅核气病也。此病得于七情郁气，凝涎而生。故用半夏、厚朴、生姜，辛以散结，苦以降逆；茯苓佐半夏，以利饮行涎；紫苏芳香，以宣通郁气，俾气舒涎去，病自愈矣。此证男子亦有，不独妇人也。”[⑤]可见朱老善用经方。

阴血不足，胸胁胀痛之症，朱老善用一贯煎加减，在《续名医类案》形容一贯煎为：“胁痛，吞酸，吐酸，疝瘕，一切肝病。”[⑥]

肝郁化火，喉痒干咳时，朱老建议以当归龙荟丸加减。朱丹溪创当归龙荟丸主要用于泻火通便，后代医家则主要用此方治疗因肝火盛导致的胁痛。

郁久血瘀、胸胁刺痛者，朱老使用旋覆花汤加减。旋覆花汤虽方简，化裁得当则疗效颇佳，叶天士用于治疗胁痛、积聚、喘咳等；吴鞠通用此治疗伏暑湿温胁痛；沈金鳌用于治疗肝着胁痛。

从这些分证论治不难看出，朱老遣方用药讲究稳重有据，方皆有证可依。且肝郁多因情志不畅引起，故朱老在诊病时特别关注病人的情绪，以安慰鼓励为主，既“医病”又“医人”。

（二）更年期综合征

中医没有“更年期综合征”这一病名，其为现代医学的名称，主要指女性更年期出现的一系列症候群，这些证候在中医病证中多有体现，大致与妇

① 孙玉信，田力，王晓田. 方剂大辞典[M]. 太原：山西科学技术出版社，2014：658.

② 孙世发. 中华医方. 外科篇. 上[M]. 北京：科学技术文献出版社，2015：1203.

③ 刘完素. 素问病机气宜保命集[M]. 孙洽熙，孙峰，整理.北京：人民卫生出版社，2017：105.

④ 张仲景. 金匮要略[M]. 何任，何若苹，整理.北京：人民卫生出版社，2005：83.

⑤ 吴谦. 医宗金鉴[M]. 刘国正，校注. 北京：中医古籍出版社，1995：301.

⑥ 朱晓光. 读经典学名方系列·男科病名方[M]. 北京：中国医药科技出版社，2013：299.

科“脏躁”“郁证”“绝经诸证”相关。

朱老详细分析了更年期综合征出现的证候，用现代医学的分类方法，将症状与系统相对应。如朱老将“有热感、烘热感、心悸亢进、脉搏频速或过缓、局部冷感等”① 归为血管运动神经症状，并进行了详细的分析。朱老认为因为肾阴不足，导致心阳亢盛，所以会出现热感，且以头部为主；或是因肾阳不足，无力温煦四肢肌肤，腰骶部及下肢发凉，手、背也有冷感，脉随之缓弱。

将“有头痛、头重、眩晕、耳鸣、压迫感，恐怖感等”①归为精神神经障碍症状，主要因肾阴不足或肾阴虚引起。将“有麻木感，瘙痒感，蚁走感等”①归为感觉障碍和感觉异常，因肝血不足，血虚生风导致。将“有肩凝、腰痛、关节痛、脊柱痛、腓肠肌痛等”①归为运动器官障碍症状，因肝肾阴虚，筋骨失于濡养而出现此类症状。将“有发作性出汗，以颜面及毛发部出汗尤多，亦有广泛性出汗”①归为皮肤分泌障碍症状，盖因汗为津液所化生，肾阴不足时，虚火迫津外泄所致。将“有尿频、尿淋沥、尿痛等”② 归为泌尿器障碍症状，此因肾虚则膀胱失约，或肝火下注引起。“有腹胀、腹泻、便秘、食欲下降、消化不良、下腹挛痛或伴随眩晕而发生恶心呕吐等”②，此类症状可因肝脾不和或肝阳犯胃导致。还有其他症状，如疲劳乏力等，可因肾气衰退、冲任亏损等引起。

朱老将更年期综合征出现的一系列证候按照中医学的脏腑辨证分为肾、肝、心、脾等方面，与现代医学的分类相适应，体现出中、西医结合的魅力。

妇女在更年期冲任功能下降。《素问・上古天真论》曰：“七七，任脉虚，太冲脉衰少，天癸竭；地道不通，故形坏而无子也。”③ 故更年期综合征发病多与肾、肝、心等脏相关。朱老将此证分为五型：阴虚阳亢型；肝肾阴虚、虚火内扰型；肾虚肝旺、脾虚气弱型；肾阳虚弱、奇经亏损型；肝阳上亢、湿浊内阻型，因此病的病因多由肝肾阴虚引起，朱老强调“用药应滋阴潜阳，忌用香燥之品”。同时“做好思想工作，减轻病人思想负担”④，更年期妇人身体机能发生极大的变化，相应的心理状态可能也会随

① 朱古亭. 朱古亭临证录[M]. 杭州：浙江科学技术出版社，1992：21.

② 朱古亭. 朱古亭临证录[M]. 杭州：浙江科学技术出版社，1992：22.

③ 黄帝内经素问[M]. 田代华，整理. 北京：人民卫生出版社，2005：2.

④ 朱古亭. 朱古亭临证录[M]. 杭州：浙江科学技术出版社，1992：22-27.

之转变。

从朱老的论述中不难看出朱老不仅重视病人身体上的病痛，还特别关注心理上的健康。现代医家针对更年期综合征有诸多看法：有的侧重于认为更年期综合征的核心病机为肾阴虚[①]；有的认为天癸属肾，冲为血海，肝为藏血之脏，故本病与肝肾失调有关[②]；有的认为心肝火旺为根本病理因素[③]；还有的认为本病最主要的病理机制为气滞血瘀[④]。更年期综合征的病因病机多样，但主要还是与肝肾功能下降有关，临床还需根据四诊合参，慎之又慎。

更年期综合征还经常伴随月经的异常改变。《素问·上古天真论》曰："二七而天癸至，任脉通，太冲脉盛，月事以时下，故有子。"[⑤]更年期冲任失调，故月经也相应发生变化。同时朱老强调月经病也与肝郁密切相关。因肝藏血，且与冲脉密切相关，若肝的疏泄功能失常，则冲脉也随之失调，从而导致月经病的发生。

（三）崩漏

朱老认为："崩漏治法当以养血止血为先……应注意止涩之中寓以清凉，清凉之中寓破瘀解结。"[⑥]此理论应是源于武之望《济阴纲目》："止涩之中，须寓清凉，而清凉之中，又须破瘀解结。"[⑦]乃主治阴虚血亏、内有瘀热的崩漏。朱老特别指出，因崩漏的病因多端，止涩太过或单纯以清凉之法为主，可能导致瘀血内停。

崩漏脱绝的危症者，多表现为出血不止，神志不清，呼吸微弱。朱老治疗急于养血止血，补虚救脱，另用铁器火中烧红放入醋中，使其蒸汽上熏病人口鼻，促使病人苏醒。《日华子本草》认为醋可治产后妇人并伤损[⑧]。醋，酸也，能收能涩。朱老将此理论灵活运用，使醋发挥开窍之功。

血热崩漏者，表现为血色深红量多，精神兴奋，心烦等症。《济生方》

---

① 郭冰心，黄丽，张莹. 中西医结合治疗更年期综合征[J]. 内蒙古中医药，2003（2）：24.

② 周焕凤. 从肝肾论治妇女更年期综合征 36例[J]. 陕西中医，2005（11）：658.

③ 张雪莲. 更年期综合征诊治[J]. 实用中医内科杂志，2005（1）：41.

④ 左芳，张丽容. 中西医结合治疗更年期综合征 48例[J]. 天津中医，2003（3）：22.

⑤ 黄帝内经素问[M]. 田代华，整理. 北京：人民卫生出版社，2005：2.

⑥ 朱古亭. 朱古亭临证录[M]. 杭州：浙江科学技术出版社，1992：15.

⑦ 武之望. 济阴纲目[M]. 北京：人民军医出版社，2009：47.

⑧ 日华子. 日华子本草[M]. 芜湖：皖南医学院科研处，1983：141.

曰："夫血之妄行也，未有不因热之所发。"① 朱老认为，热能迫血妄行，形成崩漏，故予清凉之法止血。虚寒崩漏者，表现为血色晦暗，如屋漏水，可因风冷客于胞宫，气不能固，应以温经之法止血；劳伤气血崩漏者，劳役过度，耗伤气血，气不固血则形成崩漏，宜通过补气止血。

血瘀崩漏，表现为血量多，淋漓不断，夹有血块，小腹有痛感。《血证论》曰："凡血证总以祛瘀为要。"② 朱老指出，气虚血虚者皆可导致血瘀，可予破瘀之法止血。

暴怒伤肝崩漏，常因恼怒引起，表现为突然血崩，胸闷胁胀，予以调肝解郁。肝主藏血，郁怒伤肝，易导致肝功能失司，出现崩漏之症。若气逆发厥，朱老指出，应急以苏合香丸，继以和肝养血止血。苏合香丸出自《太平惠民和剂局方》，可芳香开窍，用以治标，后仍需治本——和肝养肝。

肝肾两虚崩漏，多为长期久患，出现时寒时热，发作不时，腰酸等症。朱老指出，应予滋补下焦，摄纳冲任。《金匮要略》曰："妇人年五十，所病下利数十日不止……温经汤主之。"③ 这里展现的就是因冲任虚损导致崩漏，肝肾功能失常，八脉皆受损，发为崩漏。

不难看出，朱老对于治疗崩漏，首先重视止血，而止血又有各种方式，这就需要医者在临床上辨证清晰，对症下药，厥者开窍，止血为要。

（四）带下病

妇科疾病多样，带下病是其中的常见病。《金匮要略心典》云："带下者，带下之脉，古人列经脉为病，凡三十六种，皆谓之带下病，非今人所谓赤白带下也。"④ 将发生于带脉的疾病都称为带下病。女子二七，肾气充盛天癸至，女子正常的带下起着润泽、防护的作用，当感受邪气时为病，正如《女科证治约旨》云："若外感六淫，内伤七情，酝酿成病，致带脉纵弛，不能约束诸脉经，于是阴中有物，淋漓下降，绵绵不断，即所谓带下也。"⑤

朱老认为：带下病的病因多端，但总与湿邪有关。此观点源于《傅青主女科》："夫带下俱是湿症。"⑥ 朱老对带下病因中的湿邪进行了详细论

---

① 严用和. 重订严氏济生方[M]. 北京：人民卫生出版社，1980：50.

② 唐宗海. 血证论[M]. 天津：天津科学技术出版社，2003：8.

③ 张仲景. 金匮要略[M]. 何任，何若苹，整理.北京：人民卫生出版社，2005：84.

④ 冯明. 经典名著入门必读[M]. 太原：山西科学技术出版社，2013：280.

⑤ 魏雅君，夏梦. 魏雅君妇科临床证治[M]. 北京：中国中医药出版社，2015：91.

⑥ 傅山. 傅青主女科[M]. 北京：人民卫生出版社，2015：1.

述，将其分为内、外、寒、热四种。秉承“治病必求于本”的目的，朱老主张以祛湿为主。因经带常同时为病，朱老推崇凌晓五的“愈带丸”（熟地、川芎、当归、白芍、高良姜、椿根皮、炒黄柏）[①]，专治妇人冲任不固，带脉失司，赤白带下，经浊淋漓等症。

古代医家对于带下病的病因有诸多见解，如《张氏医通》认为：“带下之症，起于风气寒热所伤……或因六淫七情，或因醉饱房劳，或膏粱厚味，或服燥剂所致；脾胃亏损，阳气下陷，或湿痰下注，蕴积而成。”[②]他将带下病因重点归于风气寒热之所伤。《妇科玉尺》曰：“……亦有湿痰流注下焦，或肝肾阴淫之湿，或缘惊恐而木乘土位，浊液下流。或色欲太甚，肾经亏损之故。”[③] 巢元方强调说：劳伤过度，或阴阳过度，伤胞络，风邪乘虚入于胞中，损冲任之经，伤太阳少阴之血，发为此病[④]。张山雷认为带下多为湿热及相火不藏，临经带下[⑤]。

根据带下病的病因不同，朱老将带下病分型予以相应诊治。脾虚湿滞者，宜完带汤加减以健脾化湿；肾虚失固者，宜用内补丸加减培元固摄；肝经郁热者，宜用丹栀逍遥散清肝泻火止带；湿毒感染者，治宜二黄三白汤加减清热解毒。外感、内伤皆可引起带下病的发生，然不论带下病的病因为何，都需要注意不能一味以固涩为主，以免湿滞于内。

三、脾胃病诊治理论

朱老认为，脾主运化水谷，布散精微至全身；胃主接受食物，初步消化。脾为气血生化之源，对气血生成和机体正常活动必需的营养起着主要的作用[⑥]。《素问·经脉别论》：“饮入于胃，游溢精气，上输于脾；脾气散精，上归于肺；通调水道，下输膀胱……”[⑦] 这说明脾胃将津液运行输布于全身，对人体的滋润濡养起着至关重要的作用。脾主运化，胃司收纳，通主水谷，故为仓廪之官，饮食物的接受、消化与吸收皆关乎脾胃。

脾胃一直是历代医家研究的重点。张仲景初创脾胃病辨证，讲究“顾胃

① 凌奂. 饲鹤亭集方[M]. 周扬等，校注.北京：中国中医药出版社，2015：112.

② 林慧光，杜建. 历代中医 临床医论选[M]. 北京：中国中医药出版社，2012：602.

③ 沈金鳌. 妇科玉尺[M]. 余涛等，校注.北京：中国中医药出版社，2015：134.

④ 巢元方. 诸病源候论[M]. 北京：中国医药科技出版社，2011：211.

⑤ 孟君，张大庆. 近代名医张山雷与《沈氏女科辑要笺正》[J]. 新中医，2016（2）：228-230.

⑥ 朱古亭. 朱古亭临证录[M]. 杭州：浙江科学技术出版社，1992：1.

⑦ 黄帝内经素问[M]. 田代华，整理. 北京：人民卫生出版社，2005：45.

存津”[①]，认为胃气强弱对伤寒六经病的发展传变起着关键作用。李东垣开创脾胃病派，著《脾胃论》，重脾阳，强调脾胃升发。王好古创阴证学说，强调脾肾同治。张介宾认为以脾阴不足为主。张锡纯认为脉原和缓，后数者，多为脾阴受损。叶天士在前人的基础上创立了胃阴辨证，重视胃阴虚的治疗[②]。

因脾胃为后天之本，故许多其他系统的疾病都与脾胃相关。如肝木失调导致痛泻症，即是肝木失调，侵犯脾脏，故出现腹痛便溏等脾胃失调之症。朱老认为治疗之时用香附、益智仁等疏肝气药，脾亦随之安康，有脾胃之病症但运用生克乘侮之法，治肝脾亦安。朱老治疗胆囊病时也特别强调用苦寒清热药，需要加入健胃药，防止损伤脾胃。

朱老用脾胃理论归纳慢性疾病，为临床提供一个较好的思路。朱老认为，土不制水，则出现水肿、腹水。土不制水者，乃脾土虚弱不能运化水湿，导致湿浊停滞，出现水肿之症。土不生金，则出现肺痿、虚损。土不生金者，乃脾虚不能为肺提供精微物质，脾气散精受阻，从而肺脏功能减弱，出现肺痿、虚损之症。脾不统血，则出现崩漏、月经过多。脾主统血，当脾气虚弱，不能统摄血液时，则血不循经，出现崩漏、月经过多之症。脾不化湿，则出现白带、黄疸等。脾湿生痰，则出现咳喘、痰多。脾虚无力运化水谷精微，导致水湿停聚，继而生痰。脾不生化气血，则出现气血虚、乳少、经闭等。脾为气血生化之源，当脾的功能失常，化生气血变少，则发生气血虚等症。脾不生肌肉，则出现消瘦、久败疮。脾主身之肌肉，肌肉的营养靠脾运化水谷精微，脾病则筋骨肌肉皆无气以生。胃不和则卧不安，出现失眠。脾胃升降失调，胃气上逆，气逆迫肺，则卧不安[③]。朱老从八个方面概括了慢性病在脾胃病中的体现，既提供了归纳病因病机的思路，同时将症状与之一一对应，有利于在治疗慢性病时，通过脾胃论治。

脾胃病的治疗，朱老认为不外乎以下几个方面：健脾益气、消食化积、理气导滞、温暖脾胃、升脾阳、养胃阴、清胃泻火、和胃降逆、补脾摄血、健脾化湿、培土生金、崇土制水、抑木扶土和甘温除热等[④]。

朱老认为，脾胃病分为因虚致病、因实致病两大类，应根据不同症状辨证施治。

---

① 苏碧莹. 浅议张仲景的脾胃养生思想[J]. 中国医学创新，2010，7（12）：145-146.

② 李成文. 中医各家学说[M]. 上海：上海科学技术出版社，2014：7.

③ 朱古亭. 朱古亭临证录[M]. 杭州：浙江科学技术出版社，1992：2-3.

④ 朱古亭. 朱古亭临证录[M]. 杭州：浙江科学技术出版社，1992：4-5.

因虚致病的类型较多。诸如，脾胃失调者，主要是脾气虚弱，运化无力，故而出现无力、懒言、食少、消瘦等症状。朱老认为治宜健脾益气，运用此法治疗脾胃失调者，方药甚多，如补中益气汤、参苓白术散、香砂六君子。因脾胃虚寒、中气下陷导致的久泻脱肛、内脏下陷等，朱老认为宜升脾阳，方用补中益气汤、升阳益胃汤等。因脾胃虚寒致脘腹隐痛者，易出现口泛清水、呃逆呕吐、大便久泻，治宜温暖脾胃。朱老认为，方用理中汤、吴茱萸汤等。因胃阴不足、虚火伤津出现的口干唇燥、干呕呃逆、大便燥结等症状，朱老认为宜用养胃阴之法，方用麦门冬汤、增液汤、麻仁丸。因脾虚久咳、肺脾两虚出现脘腹作胀、咳嗽痰多清稀、饮食减退等症状。朱老认为宜培土生金，方用六君子汤等。因脾肾阳虚导致身倦乏力、少气懒言者，朱老认为宜崇土制水，方用理中汤、真武汤等。脾气虚弱、不能统血者，出现面色无华、气短懒言、乏力、月经过多、皮下出血等症状，朱老认为宜补脾摄血，方用归脾汤。内伤发热者，朱老认为宜用甘温除热之法，针对阴虚气虚的不同，分别予以六味地黄丸、补中益气汤。

现代医家认为“虚”的存在、变化及其与邪的结合，是造成机体损害、疾病产生、病理转归的根本原因和实质基础[①]。此观点旨在说明“虚”是疾病产生的根源。这种观点在《内经》中也有体现，《灵枢·百病始生》曰：“风雨寒热，不得虚，邪不能独伤人。卒然逢疾风暴雨而不病者，盖无虚，故邪不能独伤人。此必因虚邪之风，与其身形，两虚相得，乃客其形。”[②]邪伤人皆因有“虚”，无论是内伤或是外感致病，总离不开“虚”的存在。脾胃病也多以虚证为主，虚则补之，以补中益气汤、六君子汤、麦门冬汤、归脾汤等补益方为主。补中益气汤（黄芪、白术、陈皮、升麻、柴胡、人参、甘草、当归）出自《内外伤辨惑论》，是李东垣创“甘温除热”[③]之法。他认为内伤脾胃，实乃伤及脾胃之气，伤内为不足，当补之。朱老善用补中益气汤治疗多种症状，灵活运用。当代一些医家通过临床，认为只要辨证具有气虚者，不拘于病名，均可用补中益气汤加减治疗[④]。

因实致病的类型亦不少。因湿重伤脾导致肢体困重者，朱老认为宜健脾化湿，方用平胃散、理中汤等。饮食不节者，易损害脾胃，出现脘腹胀满、

① 尹必武，王红松. 因虚致病初探[J]. 安徽中医学院学报，1999（5）：19-20.

② 黄帝内经素问[M]. 田代华，整理. 北京：人民卫生出版社，2005：130.

③ 李杲. 内外伤辨惑论[M]. 杨金萍，李涤尘，主编.天津：天津科学技术出版社，2003：12-13.

④ 仕丽，樊兵权，王健. 阎洪臣教授运用补中益气汤验案举隅[J]. 中国医学创新，2015（27）：96-98.

呕吐酸腐、大便溏或闭结等症状，朱老认为，治宜消食化积，以保和丸为代表方。因肝胃不和、气机不畅致饮食不振者，出现胸胁胀痛、饮食不振、嗳气呕吐等症状，朱老认为治宜理气导滞，方药宜平胃丸、木香顺气丸、枳实导滞丸等。因胃火炽盛导致的多食易饥、口臭龈肿等，朱老认为宜清泻胃火，方用白虎汤、三黄石膏汤等。因湿浊中阻导致胸痞嗳气等，朱老认为宜和胃降逆，方用旋覆代赭汤、二陈汤、丁香柿蒂汤等。因肝失疏泄、肝气犯脾导致腹痛、便溏等，朱老认为宜扶土抑木等，方用痛泻要方。

实者病因病机多样，六气皆可为之，脾胃病以湿热之邪居多，故方药以祛邪方为主，如平胃散、保和丸、枳实导滞丸等。平胃散（苍术、厚朴、陈橘皮、甘草）出自《简要济众方》，主治湿滞脾胃证[①]。保和丸（山楂、六神曲、半夏、茯苓、陈皮、连翘、莱菔子、麦芽）为饮食致病首选方，可一方治多病。枳实导滞丸（枳实、大黄、黄连、黄芩、六神曲、白术、茯苓、泽泻）源于《内外伤辨惑论》[②]，具有消食导滞、清热祛湿之功。

四、胆囊炎诊治理论

朱老对于胆囊炎的治疗有自己的独到见解，并创立了柴胡郁金汤治疗胆囊炎。中医有许多类似胆囊炎的记载，如肝胀、胆胀、结胸、黄疸等。朱老认为：胆是异乎寻常的六腑器官之一，能贮藏排泄胆汁，促进饮食物的消化吸收，且与肝互为表里，故胆病和肝病常有相似的表现[③]。《灵枢·经脉》曰："胆足少阳也……是动则病口苦，善太息，心胁痛，不能转侧。"[④]说明胆病会出现口苦，嗳气、胁痛等肝胆病皆能出现的症状。

诸多病因病机都能导致胆囊炎的发生，朱老认为胆囊炎的形成与气滞、湿热、饮食不节、虫积等因素密切相关。现代医学认为胆囊炎主要是胆道阻塞所引起。而气滞、湿热、饮食不节都会导致胆汁堵塞胆道。气机的升降失常，气行缓慢或停滞不通，导致气滞，出现绞痛或窜痛。吴瑭《温病条辨·上焦篇》论述湿邪："其性氤氲黏腻，非若寒邪之一汗即解，温热之一凉即退，故难速已。"[⑤]湿浊易停留于内，郁而生热，壅塞不通，其与实火皆可

① 王付. 王付方剂学用速记[M]. 郑州：河南科学技术出版社，2017：302-303.

② 李杲. 内外伤辨惑论[M]. 杨金萍，李涤尘，主编.天津：天津科学技术出版社，2003：36.

③ 朱古亭. 朱古亭临证录[M]. 杭州：浙江科学技术出版社，1992：30.

④ 灵枢经[M]. 田代华，刘更生，整理. 北京：人民卫生出版社，2005：80.

⑤ 吴瑭. 温病条辨[M]. 南京中医药大学温病学教研室整理.北京：人民卫生出版社，2005：42.

导致胀痛。但湿性黏着，实火猛烈，故湿热致痛为持续性胀痛，实火为暴痛。饮食不节最易伤脾胃，脾运失司，湿滞肝胆；蛔虫窜入胆道，胆汁淤堵。

针对胆囊炎的治疗，朱老自拟柴胡郁金汤，即四逆散加郁金、天花粉、延胡索、香附。四逆散出自《伤寒论》，用于治疗阳郁厥逆证[①]。朱老认为：柴胡疏肝解郁，芍药养阴柔肝，枳实破气消积，甘草调脾胃和诸药，再加四药清热消肿、活血利气[②]。《医方考》曰："少阴病四逆者，此方主之。此阳邪传至少阴，里有热结，则阳气不能交接于四末，故四逆而不温。用枳实所以破结气而除里热，用柴胡所以升发真阳而回四逆，甘草和其不调之气，芍药收其失位之阴。"[③] 汪讱庵认为：枳实泻结热，甘草调逆气，柴胡散阳邪，芍药收元阴，用辛苦酸寒之药以和解之。可以看出两位对于四逆散中四药功效的看法大致类同。

郁金，"行气，解郁；泄血，破瘀。凉心热，散肝郁"[④]。天花粉，即瓜蒌根，主治消渴身热，"烦满大热，补虚安中，续绝伤"[⑤]。延胡索，"活血利气，止痛，通小变"[⑥]。香附，"乃气病之总司，女科之主帅也"[⑦]。四药与四逆相合，达到清利之目的。

朱老对本方的随证加减也颇有心得："右胁疼痛较甚，加广木香、金铃子加强利气止痛作用；饮食不振，精神疲乏，加党参、白术、茯苓、鸡内金、谷芽；湿热内阻，胸痞恶心，口苦尿赤，发热或出现黄疸者，加藿香、佩兰、厚朴、黄芩、黄连、茵陈清化湿热；实火内盛，肠胃积热，加龙胆草、芒硝、大黄清利通便；阴虚血热，有低热或有出血症状者，加杞子、甘菊花、玄参、麦冬、丹皮、旱莲草、生地滋阴生津退热；大便秘，加麻仁、瓜蒌仁润肠腑；因结石而痛甚，加鸡内金、金钱草、海金沙、芒硝利胆排石；痛定或术后，脘腹滞胀不舒，食欲不振，用香砂六君法健脾胃调

---

① 张仲景，王叔和. 伤寒论[M]. 钱超尘，郝万山，整理.北京：人民卫生出版社，2005：91.

② 朱古亭. 朱古亭临证录[M]. 杭州：浙江科学技术出版社，1992：32-33.

③ 吴崑. 医方考[M]. 李飞，校注. 南京：江苏科学技术出版社，1985：30-40.

④ 汪昂. 本草备要[M]. 北京：中国医药科技出版社，2018：60.

⑤ 莫枚士. 神农本经校注[M]. 郭君双等，校注. 北京：中国中医药出版社，2015：87.

⑥ 李时珍. 本草纲目[M]. 柳长华，柳璇，校注. 北京：中国医药科技出版社. 2011：422.

⑦ 李时珍. 本草纲目[M]. 柳长华，柳璇，校注. 北京：中国医药科技出版社. 2011：466.

中气。”[①]

五、中风诊治理论

中风分内风和外风。《伤寒论》曰：“太阳病，发热，汗出，恶风，脉缓者，名为中风。”[②] 这里的中风主要是指外风。现今中医叙述的中风多指内风。内风，也称卒中。朱老认为：“中风起病急骤，气血逆行、经络瘀阻是其基本病变。”[③]

根据发病的轻重，病位的深浅等因素，朱老将中风分型为：中经络、中脏腑、闭证和脱证。

经络型中风，朱老又将之分为二型：风痰阻络和阴虚阳亢。

风痰阻络者，多表现为口眼㖞斜，语言不利，四肢麻木，半身不遂，舌苔白腻，脉象浮滑。朱老认为，治宜补气活血、通络化痰，方用牵正散、补阳还五汤、二陈汤加减。牵正散（白附子、白僵蚕、全蝎去毒，各等份，并生用）出自《杨氏家藏方》，主治口眼㖞斜[④]。补阳还五汤（黄芪、归尾、赤芍、地龙、川芎、桃仁、红花）出自《医林改错》，主治半身不遂，口眼㖞斜，语言謇涩，口角流涎，大便干燥，小便频数，遗尿不禁等症[⑤]。二陈汤（半夏、橘红、白茯苓、甘草）出自《太平惠民和剂局方》，用以主治湿痰证[⑥]。此三方相合，在祛风通络的基础上，燥湿化痰。

阴虚阳亢者，多表现为头晕、头痛、耳鸣、火升面赤，五心烦热，四肢发麻或半身不遂。朱老认为，治宜养阴平肝通络，方用杞菊地黄丸、天麻钩藤饮加减[⑦]。杞菊地黄丸（枸杞子、菊花、熟地黄、酒萸肉、牡丹皮、山药、茯苓、泽泻、蜂蜜等）主治肝肾阴亏；天麻钩藤饮（天麻、钩藤、石决明、山栀、黄芩、川牛膝、杜仲、益母草、桑寄生、夜交藤、朱茯神）出自《中医内科杂病证治新义》，主治高血压头痛、眩晕、失眠[⑧]。朱老用这两方加减，既滋肾养肝，又平肝熄风。

---

① 朱古亭. 朱古亭临证录[M]. 杭州：浙江科学技术出版社，1992：33.

② 张仲景，王叔和. 伤寒论[M]. 钱超尘，郝万山，整理.北京：人民卫生出版社，2005：25.

③ 朱古亭. 朱古亭临证录[M]. 杭州：浙江科学技术出版社，1992：6.

④ 杨倓. 杨氏家藏方[M]. 陈仁寿，杨亚龙，校注. 上海：上海科学技术出版社，2014：14.

⑤ 王清任. 医林改错[M]. 北京：人民军医出版社，2007：49.

⑥ 太平惠民和剂局. 太平惠民和剂局方[M]. 北京：人民卫生出版社，2007：108.

⑦ 朱古亭. 朱古亭临证录[M]. 杭州：浙江科学技术出版社，1992：6.

⑧ 胡光慈. 中医内科杂病证治新义[M]. 成都：四川人民出版社，1958：9.

脏腑型的中风，朱老又将其分为二型：阴虚阳亢、肝风内动型和痰阻心窍型。

阴虚阳亢、肝风内动者，多表现为平素有头痛头晕耳鸣，可突然昏厥，四肢抽搐，口眼㖞斜。朱老认为，治宜养阴潜阳，熄风止痉，方用大定风珠加减[①]。大定风珠（生白芍、干地黄、麦冬、麻仁、五味子、生龟板、生牡蛎、鳖甲、阿胶、鸡子黄）源于《温病条辨》，“热邪久羁，吸烁真阴，或因误表，或因妄攻，神倦瘈疭，脉气虚弱，舌绛苔少，时时欲脱者，大定风珠主之”[②]。此方滋阴熄风，对症治之。

痰阻心窍者，表现为突然昏仆，不省人事，牙关紧闭，喉中痰鸣。朱老认为，治宜开窍化痰，方用涤痰汤。涤痰汤（制南星、制半夏、炒枳实、茯苓、橘红、石菖蒲、人参、竹茹、甘草）出自《奇效良方》，主治中风痰迷心窍，舌强不能言[③]。此方有豁痰清热之功。

闭证主要表现为突然昏倒、不省人事，可分为热闭和寒闭。热闭者，“面赤气粗”，朱老认为，治宜清热化痰，辛凉开窍，方用清热化痰汤加减。寒闭者，“面白肢冷”，朱老认为，治宜温化寒痰，芳香开窍，方用二陈汤加减[④]。两者区分主要是辨别热象、寒象的不同。

脱证主要表现为口开眼合，手撒遗尿，鼻鼾肢冷。朱老认为，治宜温补元阳，兼益肾阴，方用参附汤、地黄饮子加减。

朱老特别强调：痰阻窍络，神志障碍，用开窍药要分寒热应用；热闭须用凉性开窍药；寒闭需用温性开窍药；而对于虚证的神志恍惚，心神涣然，只能用大补元阴元阳之剂[⑤]。中风的证型不同，治法亦有正治与反治的重大区别。朱老认为，开窍药多为芳香走窜之品，对于中风开窍之品，应采取正治法；治热以寒，治寒以热，治虚以补。若反之，则出危象。

总而言之，朱老熟悉经典，善用经方，又在不断的临床实践中，融会运用，反思总结，提炼出朱氏独具特色的中医诊疗理论。故而，朱老对于妇科病、脾胃病、胆囊炎、中风等疾病的诊治理论，在继承《内经》理论的基础上，也融入了自己的见解，有一定的创新性。

---

① 朱古亭. 朱古亭临证录[M]. 杭州：浙江科学技术出版社，1992：7.

②吴瑭. 温病条辨[M]. 南京中医药大学温病学教研室整理. 北京：人民卫生出版社，2005：125.

③ 张杰. 中医痰证与方药[M]. 北京：金盾出版社，2016：110.

④ 朱古亭. 朱古亭临证录[M]. 杭州：浙江科学技术出版社，1992：8.

⑤ 朱古亭. 朱古亭临证录[M]. 杭州：浙江科学技术出版社，1992：9.

第二节 学术结硕果

朱老在教学之余，勤于实践和总结经验，潜心著述，发表中医学论文三十余篇，出版专著《朱古亭临证录》，编撰教学参考资料《教学门诊医案选》等。朱老的部分医学论文被收入《全国名老中医经验荟萃》《浙江名老中医经验集》《中医疑难病证分析》《名医特色经验精华》等书中，在中医学界有一定的影响。以下择其要者，略加介绍。

1963年，朱老参与编译的《温病条辨白话解》由人民卫生出版社出版。《温病条辨》是清代医家吴瑭所著，以三焦学说为经，以卫气营血学说为纬，提出了温病辨证论治的纲领，被视为“治温之津梁”（《意园谈医书笔记》）。浙江中医学院组织力量，对该书进行了集体研讨，对原条文逐一加以语释和注解，特别是比较难理解的“原病篇”和历来各家意见较多的桂枝汤等问题，有较深入的研究讨论[①]。据悉，朱老负责完成的是该书的“上焦篇”[②]。据《温病条辨白话解》前言所述，该书经过较长的时间，数易其稿，然后定稿[①]。可知，朱老1960年留校任教后不久，就开始了对《温病条辨白话解·上焦篇》的研究。朱老传承父学，善治感证，故其参加编译《温病条辨白话解》，有其理论基础和临床体会，编译工作自然是得心应手。

1965年，朱老在《浙江中医杂志》发表论文《朱仰庭先生治疗崩漏的经验：附先哲王梦兰、徐香泉通函论证一则》。后以《崩漏漫录》为名，收录于《当代名医临证精华·崩漏专辑》中[③]。此文是朱老总结其父治疗崩漏的临床经验而得，其思想传承于善妇科诸证的太先生程幼泉。

1975年，朱老编纂《教学门诊医案选》，用作浙江医科大学的教学参考资料。书前有朱老的编写说明：“门诊医案，是在临床教学时，根据理论联系实际的原则，运用基础理论，指导学员门诊实习处方，边学边用，在实践中巩固提高。兹将一部分有‘证候分析’的门诊处方，录成一册，以备参考。”该书所选医案集中于内科和妇科。内科又分咳嗽、胃病、胁痛、眩晕心悸、痹证、泄泻、癫痫、呕吐、呃逆、腹痛、血证。妇科又分月经病、白

---

① 浙江中医学院. 温病条辨白话解[M]. 北京：人民卫生出版社，1963：5.

② 浙江中医学院. 温病条辨白话解[M]. 北京：人民卫生出版社，1963：5.

③ 史宇广，王耀廷. 当代名医临证精华·崩漏专辑[M]. 北京：中医古籍出版社，1988：113-118.

带病、胎前、产后。此外，还有治疗皮肤疱疡、肿胀及其他病症的部分医案。上述医案涉及的病症及治疗手段，在朱老后来的论著中大部分都有专门的论述，呈现出从临床经验到理论总结的特点。

1976年朱老在《科技简报·医药卫生部分》发表论文《肝炎辨证施治的浅见》《谈谈诊治妇女更年期综合征的体会》。朱老在《肝炎辨证施治的浅见》一文中，通过中医病因病机解释肝炎，主张对肝炎进行辨证治疗，认为肝炎分为虚实两类：实证者，为传染性黄疸型肝炎；虚证者，为慢性肝炎[①]。在《谈谈诊治妇女更年期综合征的体会》一文中，朱老指出病人采用激素治疗，副作用较大，认为妇女更年期综合征从临床表现上，以肾肝两经症状居多，尤以肾为重[②]。朱老以四则医案详细描述：第一则病案记载病人在初诊时以烘热出汗为主，心烦胸闷，咽干口燥，脉细弦，稍加活动，更易出汗；第二则医案病人主要表现为烘热阵作，头晕易汗，心悸少寐，月经超前，脉细弦等症；第三则医案病人症状主要为烘热不时，头晕少眠，食欲不良，月经量少，疲困少力，脉细弦；第四则医案初诊时已近半月有烘热感，阵发性发作，发时面色潮红，头部出汗，胃纳少，脉弦数。四则医案的病人皆为45至50岁的妇女，处于更年期的时间段。朱老指出，女子49岁便天癸竭，形坏无子，在这个年龄段，女性的身体机能发生极大的变化，肝肾功能受损，故而出现一系列症状。细脉多主虚证或湿证，更年期妇女气血虚弱，脉道不充，故脉细小无力；弦脉应肝之病，肝气郁结，气郁不利则脉拘束表现为弦脉。朱老的治法为滋益肝肾、清虚热。朱老强调对此治疗不宜用芳香燥烈之品，且需要关注病人的思想工作。

1977年朱老在《浙江中医学院通讯》发表论文《中风辨证施治的浅见》和《谈谈肝病的一点体会》，这两篇论文均收录进了《朱古亭临证录》，其内容前文已有论及，此不赘述。

1978年朱老在《浙江中医学院学报》发表论文《医案二则》和《更年期综合征的证治》。《医案两则》记载了朱老治疗脾虚泄泻和脾虚痰湿的两则医案。脾虚泄泻患者初诊时，头晕乏力，下肢萎软，胃纳不良，日便溏六七次；脾虚痰湿患者初诊时，表现为大便时干时稀，或是嗳气，咳嗽有痰，腹胀纳减[③]。可以看出朱老对于脾胃病非常关注，后期也有专门立论，且该文收

① 朱古亭. 肝炎辨证施治的浅见[J]. 科技简报·医药卫生部分，1976（8）：32-33.

② 朱古亭. 谈谈诊治妇女更年期综合征的体会[J]. 科技简报·医药卫生部分，1976（11）：18-20.

③ 朱古亭. 医案二则[J]. 浙江中医学院学报，1978（4）：73-74.

录在《朱古亭临证录》的首篇。《更年期综合征的证治》是对《谈谈诊治妇女更年期综合征的体会》一文的升华，朱老对更年期症状的分析更加透彻，在治疗上分类更加细致，每类皆有医案加以阐发。

1979年朱老在《浙江中医学院学报》发表论文《临床扎记》和《淋证》两篇论文。《临床扎记》主要论述妇科疾病。其中一则医案记载：1970年治一农妇，年约四十，患子宫下坠已三年，更数医，病不愈，失去信心矣。遂来此就医，朱老问之，医生所处药方服几剂，患者回答，三剂不效即更医，又服三剂即停药[①]。朱老仔细辨证，发现前医所处方药皆合理，盖因患者操之过急，药效未达便已停药。朱老便以补中益气汤加减，嘱服十剂，服完便不需要再就医。患者十剂服完，症状基本消失。值得我们深思的是，现代生活节奏快，人们生活压力较大，某些疾病西医见效快，使得民众对于中医缺乏足够的信任。就此，朱老指出，要发挥病人的主观能动性，使之有战胜疾病的信心；尽量促使病人与医生配合，使依从性变高；并嘱咐病人坚持服药，达到治病的疗程。

《淋证》只记载一则医案，但颇具代表性。一位28岁男性，初诊时，小便不利，溲时尿道作痛，且带黏液沉淀，舌边红，苔黄腻，脉细弦。三日后复诊，小便已通利，尿液仍见浑浊，尿道有刺激感，精神抑郁，沉默少言。一周后三诊，小溲已利，精神见好转，胃纳亦增[②]。小便不利、尿痛是淋证的典型症状，从朱老的医案中可以看出，抓准疾病的本质，中医起效也是非常快的。患者曾受过精神刺激，虽然病因病机不在于此，但朱老认为若是置之不理，伤及心神，心肾不交，恐症状加重，故而朱老在治疗时对此颇为重视。

1981年朱老在《浙江中医学院学报》发表论文《胁痛用药一得》。朱老创柴胡郁金汤，以四逆散加郁金、天花粉、延胡索、香附为基础方，具有疏肝利胆、解痉止痛的功能，随症加药，用于治疗胆病效果很好。其后《朱古亭临证录》中收录的“柴胡郁金汤治疗胆囊炎”对此有更为深入的研究。

1982年朱老在《浙江中医学院学报》发表论文《热病伤津》。热为阳邪，易灼耗津液，朱老通过一则病案进行了阐发。一位77岁的老年患者，因感受外邪，化热酿痰，导致身热咳嗽，痰滞不爽；后热度已退，但津液已

① 朱古亭. 临床扎记[J]. 浙江中医学院学报，1979（6）：54-55.

② 朱古亭. 淋证[J]. 浙江中医学院学报，1979（3）：54-55.

伤，朱老认为当顾津为要[①]。老年患者本就津液亏虚，又感受邪气化热，若只单纯清热，不佐以甘寒生津之品，患者恐难以恢复。

1983年朱老在《浙江中医学院学报》发表论文《经行泄泻》。是年，朱老已年过古稀，仍坚持临床，并撰写论文。经行泄泻主要是指经期或者是行经前后，周期性的出现大便泄泻，日行数次。朱老记载的一则医案，患者主要是因脾阳不足，脾统血功能失常，故朱老用理中汤合参苓白术散加黄芪、益智仁等疗治[②]。

1986年朱老在《浙江中医杂志》发表论文《峻补之剂施于仓卒》，阐述阳气暴衰、阴血暴脱之证，需用大剂峻补，才能力挽狂澜。朱老对此证首推独参汤和参附汤[③]。朱老诊治一妇人，因劳累血崩不止；又治一男子，因长夏患暑湿，延迟诊治，身热持续不退。此类病证，朱老认为需用药峻猛，他善于通过参品种的不同和剂量的差别，来达到合理的疗效。

1987年朱老在《浙江中医杂志》发表论文《气的生理、病理与治疗》，详见前文的论述。

1988年朱老与其弟朱访廷联名在《浙江中医杂志》发表论文《朱仰庭先生学术经验简介》，从肝气病、崩漏、产后等方面论述了其父朱仰庭的临床经验[④]。此时，其父去世已30余年，朱老也年逾七旬，此文既是朱老对其父的缅怀，也可以看出他对自己的临床经验，有着传承溯源方面的总结。

1992年朱老在《吉林中医药》发表论文《医话五则》。这五则分别为：虚弱之病，首重调中；三年宿疾，补中得安；长夏亦可用附子泻心汤；痿与痹；邪伏经络用柴胡桂枝干姜汤[⑤]。以此五则医话为基础，后又增加肝乘脾痛泻证、湿温证治验、白虎加桂枝汤治温证和小结胸证四则医话，这就共同构成了朱老的专著《朱古亭临证录》的第二部分内容“医话篇”。

1992年朱老的专著《朱古亭临证录》在浙江科学技术出版社出版，由沙孟海、何任、吴士元题字，潘澄廉作序，蒋文照作跋。该书由朱老的弟子整理，汇集了朱老的主要论文和医案，代表了朱老学术成果的精华。《朱古亭临证录》分为三个部分：医论篇、医话篇、医案篇。其中医论、医话收集

① 朱古亭. 热病伤津[J]. 浙江中医学院学报，1982（6）：28.

② 朱古亭. 经行泄泻[J]. 浙江中医学院学报，1983（3）：56.

③ 朱古亭. 峻补之剂施于仓卒[J]. 浙江中医杂志，1986（1-12）：419.

④ 朱古亭，朱访廷. 朱仰庭先生学术经验简介[J]. 浙江中医杂志，1988（1-12）：481-482.

⑤ 朱古亭. 医话五则[J]. 吉林中医药杂志，1992（2）：7-8.

了朱老历年来在各类中医学术期刊和书籍中的专论20篇，略加修改；医案则选择近年来朱老较为完整的临证医案143例，按脏腑病证分类，分为肺病证候、脾胃病证候、心肝病证候、肾病证候和妇科病证候五个章节。每类又按例数进行编次，每例冠以病因病机提要，并附有按语详加补充说明。书后有浙江中医药大学蒋文照教授写的跋语："《朱古亭临证录》一书，是朱老临证实践之结晶。其书每案首均提示有病因病机，明朗轩豁，使读者心领神会。编写之法深得《临证指南》及《吴门治验录》之方式。案中凡有复诊者，均记载药后效果，足见其治验之准确。医案中能做到这一点，亦是难能可贵。案后都加以按语说明，既有发挥，又有补充，尤感精切。其中不少按语还介绍用药经验，足供读者使用。在众多按语中，还通过前后两例的分析对比，更见辨证施治之同中有异，异中有同，特别体现在'心肝病证候'，可启后学悟境，一隅三反，更有传承价值。"①

特别需要指出的是，朱老的中医学成果在计算机推广及成果转化上亦有建树。例如，朱老主持设计的"诊疗胃脘痛电脑模拟系统"在1988年1月通过省级鉴定；他治疗胆囊炎的处方交制药厂生产成药。朱老仙逝后，他部分的科研成果由弟子和亲属进行了成果转化。朱老的弟子傅伟富在朱老的经验方的基础上研制的两种口腔用药，于2004年被国家食品药品监督管理局批准成为国药准字号。朱老的侄子朱选文，在朱老临床方剂的基础上，研制出治疗糖尿病的药物，于2013 年获国家食品药品监督管理局的批文，并获得国家发明专利。

① 朱古亭. 朱古亭临证录[M]. 杭州：浙江科学技术出版社，1992：144.

第六章

桃李天下

第一节　杏林育传人

朱老是德高望重的老中医，也是恪尽职守的良师。20世纪50年代，朱老在长兴担任中医联合诊所所长时，就已是长兴中医学徒班的兼职教师，所教课程从四大经典到内妇儿科，达十门之多。1960年到浙江中医学院任教后，几十年来，朱老为国家培养了大批中医人才，他先后承担过从本科生到研究生的中医基础理论、《黄帝内经》、《伤寒论》、《金匮要略》、中国医学史、中医各家学说等课程的教学任务，还结合临床经验，为西医学习中医班、主治医师提高班、主治医师知识更新班等开设各类讲座。朱老讲课深入浅出，善于用丰富的临床经验来阐释深奥的医理，并注意声情并茂，深受学生的欢迎。他教过的学生，许多已成为中医的骨干力量；有的已系学科负责人，挑起负责人的重任；有的已升为教授、主任医师。1979年以后，朱老还带教了三名硕士研究生。他指导研究生撰写的论文，先后荣获浙江省中青年论文评比二等奖和三等奖，有的论文还被选送参加国际学术会议的交流。朱老年逾古稀时，不仅继续担负培养研究生的重任，还坚持每周三次门诊，积极为社会服务。朱老说，他要为发扬光大祖国医学贡献自己毕生的精力[①]。

朱老门下有五位弟子：董襄国、沈浪泳、许小平、竹剑平、傅伟富。其中董襄国、沈浪泳皆是浙江中医药大学教授，前者是朱老的研究生，后者是朱老被评为浙江省名老中医时确认的“师带徒”弟子；竹剑平现为浙江省中医药研究院教授，傅伟富则是朱老在民间带的传承弟子。以上四人，我们皆进行了多次采访。许小平移居美国，无法联系，唯其1988年硕士毕业论文

① 沈浪泳. 医翰并茂的老学者[J]. 浙江中医学院学报，1989（1）：1-3.

《论〈内经〉的“协调平衡”观》收藏在图书馆还可一睹。除此之外，听过朱老的授课、讲座，随朱老朱抄过方的学生，不在少数，此不一一介绍。

在采访中，我们深切地感受到学生们对朱老怀有强烈的感恩之心和敬佩之意。朱老热爱教育，爱护学生，认为学生应该走自己的道路。朱老施教时从来不居高临下，他对学生温和宽容，又不失责任感。朱老严谨地对待每一堂课，授课风格踏实，不求出奇。朱老把平和、忠厚、踏实、低调的品行融入了他的教育生涯，令学生们受益匪浅，称道不已。

在平日里，朱老视学生如同己出，常常在家里请学生吃饭，甚至学生没到就绝不先吃饭。朱老带学生外出上课讲学，请学生出去吃面条，虽然朴素但令学生无比感动。朱老会让学生挑选他挥墨创作的一些书法作品，大方送给学生们。

学生们从朱老身上学到如何做人，如何行医。朱老有一句话一直留在学生们心中：“做中医，不一定要做名医，但是一定要做个明医。”把“和谐”放在人生的第一位，保持良好的心态和温和的脾气，与人为善，精擅医道，善待病患，这些都是学生们从朱老身上学习感悟到的为人行医之道。朱老与学生相处，朴朴实实，真情相待，充满温情，令人感慨。

第二节　弟子董襄国

作为朱老的大弟子，今年74岁的董襄国教授早已闻名医界。他的名片上印着一系列耀眼的头衔：浙江中医药大学教授、浙江名中医馆学术顾问、中华全国中医学会中医理论整理研究会《内经》专业委员会委员、杭州市上城区第十一届人民代表大会代表、全国知名中医。

董教授1969年于浙江中医学院本科毕业，在基层从事中医临床工作八年，并于1979年考上学校的第二届研究生，成为了朱老的首位研究生。在朱老的悉心教导下，董教授凭借自身高超的研究水平和优秀的专业素养，在研究生毕业后留校并担任了学校内经中医理论教研室主任。董教授出版著作十余部，《难经汇注笺正》（编校，收入《张山雷医集》，人民卫生出版社）、《新编中医基础理论》（副主编，北京医科大学、中国协和医科大学联合出版社）、《道儒百家话养生》（副主编，人民军医出版社）等，皆在业界有一定影响。此外，董教授发表论文一百余篇，1989年被评为“全国知名中医”，曾被多家电视台聘为特约医学嘉宾，在众多媒体和省市单位进行养生讲座百余场。

董教授具有扎实的理论功底和丰富的临床经验，一直从事中医内科的研究和临床治疗，尤其对肾虚、亚健康、失眠、胃病、咳嗽、肿瘤康复、泌尿生殖系统疾病、不育症等疑难杂症有较深研究，被群众誉为“技术精湛，服务优良”的好医生。董教授担任过三届校基础部工会主席和三届校教师代表大会常委会委员。他担任杭州市上城区第十一届人民代表大会代表，还被评为了优秀代表。

回忆起当时选择跟随朱老学习的缘由，董教授表示除了考虑到乡音接近外，更重要的是朱老平和的为人、精湛的医技吸引了他。朱老待人彬彬有礼，对学生温和耐心。董教授这么评价朱老——生前平平淡淡，坦坦荡荡，但是去世以后他的人格与医技历久弥新，为人称道。朱老的一生印证了著名诗人臧克家写在《有的人》里面的这句话：“有的人活着，他已经死了；有的人死了，他还活着。”在董教授眼里，朱老弘扬了中华民族传统美德，他免去贫困病人的挂号费，将病患送来的礼物拒之门外，一心一意地为病人考虑，从不做亏待任何人的事情。

回忆起朱老对学生的态度，董教授用“和蔼可亲”这四个字来总结。在朱老的言传身教下，董教授继承衣钵，也成为了一位在中医基础教学第一线默默耕耘三十载的老教师，虽然现在已经退休多年，但是教师生涯仍然历历在目。

董教授以自己独特的教学态度和师德风范在杏林中传道、授业、解惑，“不为名使、不为利役、无私奉献、一心教学”是对董教授最为中肯的评价。董教授的课堂特色是“凤头、猪肚、豹尾”，开头激发学生的课堂兴趣，引人入胜，这是“凤头”。课堂教学内容充实丰富，让学生们听懂理解，这是“猪肚”。董教授在课堂上教授关于脾和胃的关系，先说“脾主为胃行其津液”的总论，其次以生理和病理两方面展开论述，生理上又以纳运相助，燥湿相济，升降相因三点分别论述，层层递进，条理清晰，帮助学生们构筑思维框架。课堂教学的结尾需要简洁，有魄力地进行总结概括，这便是“豹尾”。经过这三个环节，整堂课给学生留下了深刻的印象和广阔的自我思考拓展的空间。

关于师德，董教授写过一篇文章讨论。他认为，要成为好的中医教师，就必须有良好的师德，如果说孩子是父母身体的延续者，那么学生就是老师精神的继承者。老师全力以赴投入教育的姿态，学生都看得见并深受感染。既然为人师表，一定要为学生负责，绝对不能亏待学生，不能把学生当作工具，而应该真心实意地与学生相处相交，发掘学生的潜力和特长，相信学生必定会青出于蓝而胜于蓝。中医老师还要具备渊博的中医知识和娴熟的教育技术。作为中医基础课程的老师，就要教导初入大学的学生们尽快改变曾经来自“数理化脑袋”的思维，快速进入学习中医的状态，教导学生学习取象类比的类比观，以象测藏的诊察观等。好的中医老师还要秉着诚心进行中医的传承事业，“进学不诚则学杂，处事不诚则事败”，教育事业就是要一心一意地做，否则就会徒劳无功。正是因为董教授保持着这样的教学态度和初心，因此深受学生爱戴。曾经有六位学生自发组织，将董教授讲授的课堂内容做成了多媒体课件，令他颇感意外。

董教授认为朱老最重要的学术特征就是“平和”。“平和”不仅是朱老的为人特点，也是朱老的用药特色、处方特色。朱老擅长博取众长，他不像某些中医大家喜用峻猛之药，而是注重平和。董教授继承了朱老的这一用药特点，也特别为此撰写了一些文章。

在研究和临床实践的过程中，董教授坚定不移地相信中医核心就是讲究“和”。中医的道就是讲究“整、天、动、形”（即是整体观念、天人合一、动静结合、形神统一）。董教授认为中医的核心思想就是“气通人和”（源自宋范仲淹之“政通人和”）。“气”就是研究气的理论体系，人体由气组成，气既是功能的，又是物质的；“通”是指气在不断运动；“人”指人这个群体和个体，作为传统的中医还是要以人为本；“和”的意思就是平和。董教授提出“气通人和”具体表现在五脏相和、六气顺和、七情平和、阴阳谐和、经络通和、气机调和等方面，并由学生写出了“六和理论”的论文。

董教授对于中医基础理论认识深刻，提出了“用好中医”的几个观点。提出要运用“生命本质气化观”来研究自然人体。董教授认为，学习中医应该要始终抱着“文理服从医理，医理服从临床”的观点，认为只有将生理和病理进行相互印证，才能更好地引导人们跨入中医这个大门。董教授退休后，由十五位学生写成的《采云集》，阐述了董教授教学中总结的十六个观点，对中医基础的学习起到启发作用。

董教授认为朱老的“肝郁”理论也非常重要。朱老认为肝郁可以乘土，化火伤金，也可以伤及肾，伤于心导致阴虚火旺，肝郁便会引起气滞血瘀和化风。在临床上，朱老最重视两个方子，一个是逍遥散，一个是八珍汤。董教授传承朱老的观点，对这两个方子进行了详细的研究和认真的实践。董教授认为，这两个方子一个涉及肝郁问题，一个涉及气血问题，妇科大部分疾病都可以从这两个方子出发治疗。

就“木郁论”，董教授写过一篇论文。董教授认为木郁的成因大致上包括服用不适当的药品、个人偏嗜、情志所伤和肾水不足、中焦湿阻、脾虚失运、肺气失调、心气不足、胆失宁谧等伤及肝脏。肾与肝是母子关系，肝阴需要滋养，肾精不足必会导致肝的病变；中焦的水湿内停会造成湿热之邪郁于中焦，导致肝气郁结，也就是“脾郁导致肝郁”；肝藏血主疏泄，脾统血司运化，关系也是相当密切；肺金不能制约肝木也是常见的临床病症；肝与胆一脏一腑，相互表里，肝脏的精气与三焦传递而来的相火化合为胆汁，如果胆功能运转失调必然影响肝的疏泄功能。

董教授对逍遥散的临床应用和效能有颇多心得。比如结合“三补三泻”的六味地黄丸可以应对更年期症状，因为更年期就是肾虚肝郁所致。董教授认为许多人的更年期主要表现为身体状态的变化，但是实际上更明显的是心理状态的变化。比如到了更年期，儿女离开身边，父母不可避免会有难言的压抑感。董教授认为“更年期是年轻时所有状态的总爆发”，假如一个人年轻的时候心态整体是偏抑郁类的，在更年期就会受到更深的情志创伤；一个人年轻的时候患有心脏病，在更年期则心系病加重；一个人年轻的时候患有胃病，在更年期消化系统的情况就会恶化。

朱老的肝郁理论，激发了董教授对于养生保健理论的研究。在董教授的记忆里，朱老重视养生，按时睡觉，从不熬夜，平日生活中也没有什么不良嗜好。董教授传承了朱老的养生观，注重保养，不抽烟，不喝酒，不打牌，闲暇阅读书籍，写些随笔。董教授曾经在各大电视台做过超过一百场的养生报告，对养生可谓是有自己的一套见解。他说：“其实养生无外乎几点：吃得香、睡得深、说得快、走得稳、排得顺、笑得欢。”“平时有空经常写写养生文章，人的脑子要常用，才不会生锈。总的来说，我的观点是要‘吃得香’，以求‘想吃、吃得下、能消化’。让胃得到应有的待遇，则胃纳正常，脾为之健运，气血充足，既保证生活质量，生命质量也得以保证。”

董教授认为，人身上的所有情志所伤中，包括大怒、大喜、大悲、大恐等方面，最重要的是“郁怒”，也就是“伤肝”。所以董教授认为人们在日常养生中最需要注意“调神”。董教授撰《调好神》一文，讲授各种调神的方法，比如“顺时调神”，即要顺应四时气候变化，采取相应的养生方法；“积精养神”，即平时就要注意惜精；“以情畅神”，就是以情胜神、清心宁神、移情缓神、乐天葆神，自得其乐；“行为葆神”，即睡足，适当运动，选择性应用食疗，性生活保持正常；“利他全神”，即以奉献为第一要务，保持以服务社会为乐的崇高品行，所谓“天地之所以能长且久者，以其不自生，故能长生”。董教授认为在养生的过程中，身体的健康是一个循序渐进的过程，是“和则平，平则康，康则寿”的过程。

谈到中医的发展，董教授有很深刻的思考和体会。他认为，对于中医医生最重要的事情就是“要有继承”。现如今，要发扬中医首先就要继承，而不是变种，更不能失传。董教授曾经说过这么一句话：“我们要站在中医的角度上，捍卫中医的立场，保护中医的精华。”校学报上有一个连载三十多期文章的“爱好中医”栏目，载有董教授一篇名为《识好“中医”》的文章，其就谈及了中医的“中”字所蕴藏的深厚含义。董教授认为，“中”首先代表的是中华民族，中医是整个中华民族的瑰宝，源远流长，和五千年的中华文明共存。从病理的角度来讲，“中”还可以具有多个含义，一是代表平衡，不偏不倚，与平、和、均、衡等字含义相近；一是“中”字既然在前，就是需要重视治未病；一是作为治疗目的而言，“中”指的是通过治疗患者的“不平”，使他们重获健康。

实而固的是历史，空而固的是逻辑，实而灵活的是技术，空而灵活的是哲学。中医提及的六腑和西医里的脏器概念差不多，但是五脏的概念与西医有很大区别，比如肾藏精，这是中医独有理论。中医就是既空而灵活，又实而灵活；既有哲学家的思维，也有科学家脚踏实地的精神与技术工作。所以，董教授认为，中医人就要在中医的角度上保护中医，对待西医的态度应该是站在中医的角度上对它采取拿来主义，而不是没有逻辑，没有目的地盲目结合中医和西医。这也是董教授反复强调的观点。中医是中国的传统医学，所谓西医学是在西方传统医学与生物科学的基础上建立起来的近现代医学。现在，在外来文化的面前，作为中医人，必须立足中医，不能忘记老祖宗的东西，医生可以在诊疗的时候利用西医的先进技术与时俱进，但是在用药的时候必须在理法方药、望闻问切等理论体系的指导下实行和发挥中医的治疗效果。就中药这个概念而言，成为中药的前提就是诞生在中医理论指导下，古籍中没有“降血压”“降血脂”的字眼，有的都是“滋阴潜阳”“平肝熄风”的用词，它们流传于几千年光阴之间而生生不息，成为中国人医疗文化和日常生活保养保健的重要部分。

董教授有一首自作的诗歌《自勉》，如是说：“澄神惜阴积跬步，辞顺博闻极医源。长风破浪会有时，精勤不倦遍人间。”董教授三十余年平凡的教学生涯，融入的是一颗不平凡的心，一颗关照爱护学生的心；漫长的行医历程，燃烧的是一团烈火，一团坚守中医、对中医始终如一的火。在朱老的指导下，董教授写过一篇文章谈论“成为一代名医的因素”，认为外因是天时、地利、人和，内因则是励志、勤奋、才识。让董教授具有幸福感的事情是，生在一个好的时代，选择了一个好的专业，碰到了一个好的老师，现在还有一个好身体，已经74岁还能坚持门诊，用中医来奉献社会、造福国人。

董教授作《竹韵》诗，写道“新篁高于旧篁枝，老杆愿扶后生强”。董教授坚守中医阵地、提携后进的心意昭然可见，他最希望看到的是中医后继有人。为此，董教授常常提笔撰文，把他积累总结出来的中医精华及教育思想，公之于世，传之于后。学校的青年教师专门整理搜集编辑了一本董教授的中医随笔集《岁月留声——董襄国教授中医随笔》。

第三节　弟子沈浪泳

在朱老的弟子中，沈浪泳教授是在中医、书法两个领域都学有所长的。她既是浙江中医药大学教授、中华中医药学会内经分会委员，又是中国书法家协会副主席，曾任浙江省书法家协会主席团委员，浙江省女书法家协会主席。沈教授从浙江中医药大学退休后，定居北京。经多方努力，联系上沈教授后，我们颇感振奋，不但因为沈教授是朱老的优秀弟子，而且要全面了解朱老在医学与书法两个领域的成就，就必须采访沈教授。

沈教授1982年从浙江中医学院中医专业本科毕业后，留校任教。1983年朱老被评为浙江省名老中医时，沈教授被浙江省卫生厅正式批准为朱老“师带徒”的传承人。据沈教授介绍，她毕业留校的原因之一，是朱老点名要她做传承人。当时浙江省卫生厅（现为浙江省卫生健康委员会）允许每位浙江省首批名老中医从1982年应届毕业生和自己的子女中挑选两位学生作为传承人，沈教授同时被两位名老中医点中，由于朱老只点了沈教授一人，最终学校安排她做了朱老的传承人。

沈教授曾经问朱老，所有名老中医都点两位学生，为什么您只点我一人呢？朱老说，你字写得好，人也厚道，所以我就点你做学生。原来，沈教授在浙江中医学院门诊部实习时，曾跟随门诊部的老中医抄方，其中也跟朱老抄方，朱老对她印象很好。这位书法好的女学生，不仅是书法大师沙孟海先生的门生，也是书法大师陆维钊的学生。而且经常成为朱老和沙老、陆老之间的联络人。沙老及夫人的身体经常需要朱老调理，沈教授帮助传递信息和药方。

当我们问沈教授对朱老印象最深刻的是什么时，沈教授毫不犹豫地说，印象最深刻的是朱老的做人。不论是学校的领导还是传达室看门人，只要找朱老看病，他都一视同仁。有的病人从很远的地方慕名来求诊，由于不是朱老门诊日，他们找到朱老家里，朱老不仅满足病人看病需要，还不收诊金。朱老为人诊病不收诊金，为人写字不收润笔费，一身正气两袖清风。

沈教授介绍说，朱老擅长中医内科、妇科，治病强调辨证与辨病相结合，制方遣药稳重，温清补泻得宜，特别是对胃脘痛、胆囊炎、眩晕、气管炎、中风、肝硬化、带下、不孕、崩漏、更年期综合征等的治疗有独特的经验。朱老的部分医学论文被收入《全国名老中医经验荟萃》《浙江名老中医经验集》《中医疑难病证分析》《名医特色经验精华》等书中。沈教授参与编撰的《朱古亭临证录》更是朱老医学思想、临床经验的集大成之作，在学界有较大影响。

根据浙江省卫生厅的要求，这批"师带徒"传承人，跟师时间是五年，传承弟子的任务是跟老师侍诊，学习老师的临床经验，总结老师的临床经验，把他们的临床经验传承下来，使中医事业后继有人。沈教授在跟师期间，不仅学习了朱老的临床经验，还在朱老的带领下，完成了"朱古亭教授诊疗胃脘痛电脑模拟系统"这一课题，该课题通过浙江省卫生厅鉴定，并获浙江省名老中医学术经验继承奖。

沈教授曾专门撰文介绍朱老诊治胃脘痛的经验①，指出胃脘痛病位在胃，但与脾、肝二脏有密切的关系：脾胃同居中焦，以膜相连，二者在生理功能上联系密切，相反相成，如脾为脏属阴，胃为腑属阳；脾主升清，胃主降浊，脾喜燥恶湿，胃喜润恶燥，用药遣方，必须时时顾及脾胃升降、燥湿、寒热的平衡。故朱老治胃病用药非常平稳，正如吴鞠通提出的"治中焦如衡，非平不安"。肝主疏泄，调畅气机，肝气的疏泄条达有利于脾胃的纳运与升降，故肝与脾胃的关系也非常密切。朱老治胃病以自制佛手散为主方，结合虚实辨证加减治之。沈教授结合临床实例，对佛手散的应用进行了介绍。

① 沈浪泳，王海舜.朱古亭教授诊治胃脘痛的经验[J].浙江中医学院学报，1993（6）：29-30.

沈教授传承朱老治疗脾胃病的经验，临证善于调治脾胃病。她撰文《治脾胃以调五脏浅探》[①]，指出：治脾胃以调五脏的理论渊源于《内经》。脾胃升降正常，气机调畅，是五脏安和的重要保证。在临证实践中，只要切中病机，不论心肝肺肾何脏疾病，均可应用治脾胃以调五脏之法，以鼓舞元气，充实精血，增强正气，而达到祛除病邪的目的。临床将补脾法列为补法中之重点，还在于不论补肾、养心、益肺、调肝，其药物还需经过胃纳脾运才能达到病所，若脾胃虚弱，则虽为峻补之剂也不能生效。

此外，沈教授还撰文介绍朱老治疗胆囊炎，带下病的经验[②]。朱老认为胆囊炎的病因虽有气滞、湿热、虫积、饮食不节等不同，临床辨证也有气滞、湿热、实火等区别，然因本病的主要病机是肝失疏泄，胆道不利，故疏肝利胆，清热消肿，解痉止痛是本病的基本治法，据此，朱老自拟了一个由八味药组成的柴胡郁金汤，并以此方为基础化裁治疗各型胆囊炎，临床治疗有效率达95%以上。而带下病的治疗，朱老认为病因虽多，但系与湿邪有关。湿有内、外、寒、热之分，因脾虚运化失健，水湿流注下焦，是为内湿带下，因经期或产褥期不注意卫生，湿毒之邪乘虚侵袭胞宫，是为外湿带下，若脾肾阳虚，湿从寒化则为寒湿带下，而肝经郁热，湿热下注或湿困日久，郁而化火则为湿热带下。朱老根据病因为本，症状为标，正气为本，邪气为标的辨证论治原则，提出常用的治带四法：脾虚湿滞，健脾化湿，以《傅青主女科》的完带汤加减治之，效果良好；肾虚失固，培元固摄，用《女科辑要》的内补丸化裁；肝经郁热，清肝止带，以丹栀逍遥散化裁；湿毒感染，涤污祛带，以《妇科玉尺》的二黄三白丸加减。

在临床传承之外，朱老教导沈教授要多读中医经典著作。沈教授学习朱老的治学精神，在《中国医药学报》《中医药学刊》《上海中医药杂志》等刊物发表中医学论文20余篇。其中沈教授对《内经》的预防思想、养生思想、病因病机学说、发病理论有较深的研究，撰写多篇《内经》研究论文，并参加国际学术会议交流。例如，沈教授曾撰《〈黄帝内经〉“治未病”理论指导方剂配伍》一文[③]，从防止阴阳互损、防止五行乘侮、防止外邪内传、防止祛邪伤正、防止扶正恋邪、防止气病及血、防止血病及气七个

① 沈浪泳. 治脾胃以调五脏浅探[J]. 安徽中医学院学报，1994（2）：5-6.

② 沈浪泳. 医翰并茂的老学者[J]. 浙江中医学院学报，1989（1）：1-3.

③ 沈浪泳，张俊杰.《黄帝内经》“治未病”理论指导方剂配伍[J]. 中国中医基础医学杂志，2011（5）：471-472.

方面，研究了《内经》“治未病”理论对方剂配伍中的指导，不仅利于我们深入学习方剂学的配伍理论，更有助于深入理解《内经》“治未病”理论及中医学整体观念的深刻内涵。沈教授又撰《〈内经〉消渴病发病理论探要》一文[①]，探讨《内经》对消渴病发病理论，指出消渴病是以多饮、多食、多尿、形体消瘦为主要特征的病证。《内经》对消渴病的论述虽未设专篇，但在《素问》《灵枢》约 10余篇章中，对消渴病的病因、病机、证候、传变、治疗、预后等问题均有论述，有些认识具有相当的前瞻性，从中医学角度研究消渴病仍很有启迪。又撰《应用〈黄帝内经〉“治未病”理论防治消渴病》一文[②]，从调理饮食，固护脾胃；调摄精神，七情勿过；起居有常，劳欲适度；运动健身，增强体质；改善体质，调整阴阳偏颇；早期诊治，防止传变等六个方面，应用《内经》“治未病”理论指导消渴病的未病先防与既病防变，对降低消渴病易感人群的发病率、控制消渴病患者的病情发展、预防消渴病并发症的发生，起到了积极作用。又撰《〈内经〉“惊伤心神”的理论初步研究》一文[③]，指出：通过实验研究发现，惊吓大鼠，使其心神受损，可表现为学习、记忆能力下降和行为异常。以此病理实验反证生理，证明《内经》“心主神明”具有的两项功能：主持精神意识思维和主宰人体一切生理活动。这些论文重在对《内经》的理论探讨、实验验证及实践运用，具有一定的创新性和学术价值。

受朱老治学精神的影响，沈教授在中医教学和科研领域也取得了一定的成绩。沈教授主持和承担的科研项目主要有国家中医药管理局项目“中医基础理论中医药管理局重点学科六院校共建合作项目”（协建单位负责人）、浙江省自然科学基金项目“‘恐伤肾’心理应激性障碍机理的研究”、浙江省卫生厅项目“微机管理中医考试，实施考教分离的系列研究”、浙江省教委项目“高等中医成人教育考教分离的系列研究”、浙江省教育厅项目“场心理学对医学生及临床医师作用的研究”、浙江省卫生厅项目“朱古亭诊治胃脘痛经验电脑模拟系统”等十余项。

沈教授的科研和论文多次获奖：其中“微机管理中医考试，实施考教分离的实践与研究”获浙江省人民政府颁发的1997年度浙江省教学成果二等奖，该成果曾在全国15所中医院校推广使用；“高等中医成人教育考教分离

① 沈浪泳.《内经》消渴病发病理论探要[J]. 中医药学刊，2004（2）：312-313.

② 沈浪泳. 应用《黄帝内经》“治未病”理论防治消渴病[J]. 中国医药学报，2003（10）：593-595.

③ 沈浪泳，侯公林.《内经》“惊伤心神”的理论初步研究[J]. 中国医药学报，2002（6）：361-362.

的系列研究”，获浙江省教育委员会颁发的1999年度浙江省教委科技进步奖二等奖，该成果曾在全国10所中医院校推广使用；“朱古亭诊治胃脘痛电脑模拟系统”，获浙江省名老中医学术经验继承奖；“场心理学对医学生及临床医师作用的研究”获浙江省教育厅颁发的2002年度浙江省教育厅高校科研成果奖三等奖；“四君子汤合金匮肾气汤抗自由基损伤的研究”获浙江省自然科学优秀论文奖评审委员会颁发1997—1998年度浙江省自然科学优秀论文三等奖等。

受朱老言传身教的影响，沈教授也重视教学工作，她认为教书育人是高校的主要功能和职责。沈教授从事中医基础理论教学28年，讲授中医基础理论、内经两个学科的本科、硕士研究生、留学生等各教学层次的课程，她根据不同教学对象因材施教，深受学生欢迎，每年系部教学评估均为优秀，并获得教育部评估专家的好评。配合教学工作，沈教授重视教材及教辅书籍的编写，她参与主编的教学参考书《中医学教学指南》，曾在全国10所中医院校推广使用；她参加编写研究生教材《内经学研究》，参加编写《高等中医自学考试应考模拟试题精编》和《中医基础理论教案》等。

沈教授发表一系列教学研究论文，例如，她对《金匮要略》的教考分离进行研究[①]，建立标准化试题库，研制计算机试题库管理系统，该成果曾在全国10所中医院校推广使用。沈教授曾研究认知结构在中医学教学中的作用[②]，指出：只有实事求是，科学地对待中医学理论，才会弱化学生的否定心理，消除中西医两种不同理论在学生认知过程中所产生的对抗，取得较好的教学效果。此外，沈教授发表的《高等中医成人教育教考分离的实践与研究》《教考分离，促教督学——中医内科学考试应用计算机管理》《中医“四大经典”计算机教学管理系统》《应用微电脑辅助教学——〈中基〉微机补助教学系统介绍》等教学研究论文，对丰富当下中医学教学的手段有积极的意义。

沈教授曾撰文称赞朱老“医翰并茂”，是一位医学、书法均有所建树的“两栖”学者[③]。沈教授作为朱老的传人，也是一位“医翰并茂”的“两栖”学者。除了在中医学上的成绩，沈教授在书法领域也取得一定成绩。她

① 沈浪泳.《金匮要略》教考分离的实践与研究[J]. 杭州医学高等专科学校学报，1999（4）：54-55.

② 侯公林，沈浪泳. 认知结构在中医学教学中的作用[J]. 浙江中医学院学报，1998（6）：46-47.

③ 沈浪泳. 医翰并茂的老学者[J]. 浙江中医学院学报，1989（1）：1-3.

拜于沙孟海先生门下，又常获陆维钊先生亲授。沈教授的书法作品多次入展全国性书法展览，书法作品被联合国教科文组织、日本成田山书道美术馆等收藏，书法作品被《书法》《中国收藏》《中华名家书画》《艺术与价值》《艺海收藏》等期刊专题推介，荣宝斋出版社出版了《沈浪泳作品精选集》。沈教授在浙江中医药大学开设大学书法20年，书法论文发表于《中国书法》《中华名家书画》《书法报》《书法导报》等，入选“第一届国际书法论坛”“全国第三届妇女书法篆刻展学术研讨会”“海峡两岸书法论坛”“首届海峡两岸妇女书法论坛”，并在“中国高等教育高层论坛”获论文一等奖。

沈教授介绍说，朱老认为书法是中华民族的文化瑰宝，可怡情悦性，延年益寿。受朱老的启发，沈教授曾撰文探讨书法教育对右脑开发的作用①，认为书法教育能提高人的观察、想象、创造、综合分析等能力，起到活化右脑功能的作用。沈教授不但推崇朱老的医技，对朱老的书法，她也给予了高度评价。她认为朱老的书法“翰墨秀润，功力深厚”。朱老的字挺拔稳健，格调高雅，自呈素质清秀，珠圆玉润之美。沈教授的书法恩师沙孟海先生评价朱老的书法“古亭先生书翰从赵董出，稳练秀润深有功夫”②。朱老的书法作品多次参加全国性书法展览，还被选送日本、美国等参加展览，但他在与书友的通信中却说“余书不足观，得与并世君子切磋，幸甚”。沈教授说，朱老为人诚朴谦逊，医术精湛，知识渊博，是良医名师，他的人品、医技、医德是弟子们终身学习的楷模。

第四节　弟子竹剑平

竹剑平教授是朱老的关门弟子。竹教授于1978年进入浙江中医学院就读大学本科，1983年开始在浙江省中医药研究院工作，1986年考入浙江中医学院攻读硕士研究生，师从朱老，1989年毕业后在浙江省中医药研究院工作至今。竹教授从事中医文献学研究三十多年，业绩斐然，2002年入选浙江省“新世纪151人才工程”第二层次培养人员，2010年担任国家中医药重点学科“中医文献学”学术带头人，2017年被评为三级教授。

竹教授是朱老的几位弟子中最年轻的一位，他在本科生阶段其实就已经

① 沈浪泳，杜月英. 书法教育对右脑开发作用的研究[J]. 浙江中医学院学报，2003（5）：79-80.

② 沈浪泳. 医翰并茂的老学者[J]. 浙江中医学院学报，1989（1）：1-3.

跟随朱老学习。竹教授本科毕业后主要从事医史文献研究工作，随后考取了朱老的研究生，其后一直与朱老有着密切的往来，帮助朱老处理一些事务。竹教授与董襄国、沈浪泳、傅伟富等几位同门受朱老委托整理了《朱古亭临证录》，使得朱老的医论、医话和医案得以较为系统地整理，并出版流传。竹教授作为主要整理者，功不可没。

古人以“立德”“立功”“立言”合称“三不朽”。1991年，朱老年事已高，想要在仙逝之前为社会留下记忆和传承之作。朱老的学生们齐心协力，决定为他整理出版一本字帖和一本医学专著，后者即《朱古亭临证录》。竹教授主要负责《朱古亭临证录》的整理，为此投入了大量的时间和精力，1992年该书在浙江科学技术出版社出版，顺利完成了朱老的心愿。朱老看到这本《朱古亭临证录》时，非常高兴，这是一部蕴含朱老几十年从医心得、足以留传后世的中医专著。

在研究生时期，竹教授跟随朱老学习的是中医基础理论的相关知识。当时的中医基础理论囊括了中药学、方剂学、诊断学等好几门课程的内容。在竹教授的印象中，朱老授课严谨踏实，不求出奇，又充满人情味。在整理朱老的门诊处方时，竹教授深刻地感受到朱老平和稳重的用药特色。

竹教授对朱老的书法成就颇为推崇。据他介绍，浙江美术学院开设书法课，曾经邀请朱老去讲课，登门拜访求字者更是络绎不绝。朱老的作品当时在海关甚至是有报备的。著名书法家沙孟海先生专门写过一幅字送给朱老，其中有一句“活人无数”的评语，这个评价是极高的。

竹教授没有跟随朱老学习临床，在朱老临终之前，曾经把竹教授叫到身边，说没教他什么东西。竹教授连忙说：“老师，您在品德上，是我一生都要学习的榜样。”事实就是如此，竹教授对朱老最大的感受就是淡泊名利，平和安稳的高尚人格。朱老为人格外低调，正是儒家典型的“慎言者”，但是和家人、学生们待在一起的时候，他总是分外开朗。

朱老对待病人的态度，深深烙印在竹教授的脑海里。任何一个病人到朱老家里去看病，朱老都会让夫人为病人准备茶水，不论贵贱，一视同仁。由于医术高超又待人平和，登门求医的病人很多。竹教授去朱老家里拜访时，常常会碰到很多病人来往。

朱老待人平和，不分等级，不论职业，连学校食堂师傅都跟他是好朋友。仅仅是朱老的为人，竹教授说这就够他学习一辈子。

朱老的治学为人，潜移默化地影响着竹教授。竹教授取得了丰硕的科研成果，承担各类科研项目20余项，获国家级、省部级及厅级等各级科研奖励10余项，出版15部著作及多部中医古籍点校本，发表学术论文30多篇。

竹教授与朱老感情至深，他正在着手撰写《长兴志》涉医的相关内容，其中将会记载朱老的相关事迹。朱老的祖辈生活在、行医在浙江省湖州市长兴县，朱老在长兴县志里，当然是必不可少的重要人物。载之史册方志，是对传主人生价值的认可。竹教授表示，要学习朱老著书传世，目前正在编写一部关于《脉经》的点评，作为退休前为职业生涯画上的句号。

第五节　弟子傅伟富

傅伟富是一位地地道道的杭州人，他于1970年至1979年入伍，在部队里担任卫生员（中药针灸方向），并负责文书工作。退伍后一年，他经人介绍，结识了朱老，拜师学艺一直到1995年朱老仙逝。1982年，傅先生从浙江医科大学中医提高班毕业。有了科班的系统学习，加上朱老的临床指导，傅先生的医技突飞猛进，并参与编著《朱古亭临证录》《肥胖病中医保健》《疑难病的中医保健》等中医著作。从1992年至2008年，傅先生组织并筹建了一家中药厂，担任厂长。

人生道路的选择，往往与童年的生活环境和教育氛围有着密切的联系。傅先生正是如此，他立志走从事中医的人生道路是在小时候。

傅先生的邻居是中医世家，在杭州享有不小的名气。由于长辈经常外出，傅先生童年经常寄宿在这户邻居家。在20世纪60年代，农村里的卫生条件不佳，患疮疡痈肿的病患较多。邻居家的这位中医师用祖传药方，自制外用药膏，治疗疮疡痈肿的效果有口皆碑。因此，附近的那些患有疮痈的病人都登门求医，来来往往，络绎不绝。傅先生在这种环境下成长，耳濡目染，深有感触，因此从小就立志学习中医，拯救病患。

成年后，傅先生到舟山当兵，担任卫生员，从事中药、针灸相关工作。退伍后，傅先生通过朱老的侄子结识了朱老，正式拜师学艺，跟随朱老临床抄方时，傅先生暗下决心，未来一定要掌握一种或者几种多发病、常见病的治疗手段，而且用药方便、奏效快、药价低廉。后来，朱老把自己多年积累的在治疗风湿痹证、颈肩腰腿痛、骨关节炎等方面的临床经验言传身教，傅先生收获颇多。例如，临床碰到椎间盘突出的病患，朱老会选用一种调配好的药膏，有针对性地另添其他一些药物，掺进去充分混合，对病患伤痛部位进行外治。而所用药膏的止痛疗效格外明显，止痛范围广泛，病患康复迅捷。傅先生亲眼见证，有的病患只用了两服药膏，就从根本下不了床的状态，恢复到可以自主站立的状态。

在跟随朱老学习治疗妇科疾病的过程中，傅先生接触到了使用中医药调养、服用纯中药以达成“优生优育”的方法。朱老针对备孕期夫妻的不同体质，进行有针对性的调理。

傅先生把从朱老身上学到的颈肩腰腿痛、妇科等众多疾病的医疗经验和临床治疗方法进行了整理和研究，实现了“学会专病专治”的目标，治愈了众多饱受疾病困扰的病患。由于传承了朱老的医技，傅先生的行医经历中也出现了不少堪称“神奇”的临床案例。

有一对兄弟都是运动员，哥哥伤到了腿上的韧带，弟弟伤到了手腕上的韧带。韧带损伤对于运动员来说是非常严重的问题，他们的家人请傅先生为他们诊疗，傅先生仅仅靠外敷药膏，就帮助兄弟俩治好了韧带伤，并延长了好几年的运动生涯。

一位女患者被确诊为椎间盘突出，疼痛到无法直立行走，连轻微咳嗽都会带来巨大痛楚。她家住在五楼，两人搀扶她走楼梯，需要走半个小时。医院建议她立即手术治疗，但是她对手术存在恐惧心理，于是联系了傅先生，进行保守治疗。傅先生为她诊疗后的第二天，病患家属打电话来说，患者已经可以下床独立行走了。

一位女患者因为滑倒伤到腰部，无法自如活动。家人请傅先生过去诊治，贴敷药膏后不久患者说可以下床活动了。

傅先生治疗不孕不育也有丰富的临床经验。有一位女患者被诊断为输卵管堵塞，在医院多次接受人工授精治疗，但是受精卵始终无法着床。傅先生为她调理了两个月，这名女患者再一次接受体外受精，受精卵成功着床，并成功诞子。

20世纪90年代，傅先生创办药厂，坚持传承朱老的医学智慧。傅先生利用朱老积累出来的经验方，研制出了两种口腔用药，功用分别是缓解、治疗牙齿过敏和通过含漱来清洁口腔。之所以研制口腔用药，是因为朱老早年在农村行医时，发现一些村民卫生意识差，不注意口腔清洁，一些孕妇在刷牙后会出现牙齿松动甚至脱落的情况，朱老就萌生出配伍纯中药漱口液的想法。傅先生传承朱老的初心和经验方，为这两款药的制成，奋斗多年，经历了厂方研发、药理毒理研究、工艺发展和临床试验等的严格步骤。2004年，这两种药被国家食品药品监督管理总局批准成为国药准字号。这是非常来之不易的，傅先生谈起这段经历，如数家珍，多次感叹朱老的传技之恩。

傅先生说，除了医学理论和实践，他从朱老身上学到的更多是如何更好地待人处事。这印证了朱老常说的一句话："人做好，再来学医。"傅先生谨记朱老的教诲——学医要做到三个善，即"眼善""心善""行善"。傅先生对发生在朱老身上的两件事，深受震撼。

20世纪60年代，当时有位病得挺严重的病人，她的孩子请朱老诊病，于是朱老就到那户人家家里去，望闻问切，开好处方，就结束诊疗回家了。那天天气不错，病人家属带着病人到天井去坐了坐，在晾垫被的时候不小心把一张十块钱纸币卷进了垫被里一起晾出去。那个时候的十块钱不是一笔小数目，家里人四处搜寻无果急坏了，赶紧跑到朱老家询问他有没有看到十块钱。朱老说没有看到，让病人家属再回去找找，并且嘱咐他们说如果实在是找不到，来他这里配药时，他会给他们五块钱。病人家属没找到十块钱，就从朱老那里拿了药和钱回家。直到傍晚，那户人家收垫被时找到了那张十块钱，这位病人家属立刻就到朱老家还钱去了。

另一件事是傅先生亲历。20世纪80年代，省政府有位领导拿着字画来请朱老鉴赏，顺便看病。结果他在离开的时候把装着书画的包忘在了朱老家里。那个时候缺少通信手段，这个包一放就放了两三个月。朱老后来把包打开来看了一下，发现里面有个电话号码，立即就打了过去，和那边的单位联系好，朱老就叫傅先生把那包书画送了过去。那些书画价值不菲，朱老视之为无物，令傅先生感叹。

傅先生对朱老的书法赞不绝口，当时有许多人把拥有朱老的墨宝当作荣耀。朱老对于慕名而来请写墨宝的客人都有求必应。朱老生活朴素，为人平和善良。朱老家里基本没有什么家具，傅先生还记得朱老曾经叫他去市场用三轮拉回了一张最朴素的医用桌子。朱老对生活质量没有特别要求，但格外注重仪表，他常年穿中山装，始终保持着干净庄重的仪容仪表。

傅先生受益于朱老平和淡定、不追求名利的待人处事的方式，他也平淡看待生活，保持良好心态，不骄不躁，乐于助人。傅先生每年都会去朱老的家乡拜访，为朱老扫墓祭奠，这是一份来自弟子的饱含着敬重、思念、感恩的浓厚情义。

傅先生感叹学习中医这条路确实很难走，面对一些疑难杂症，难免有一些人会抱着“看热闹”的心态来关注。但是作为医务工作者，必须从疾病本身出发，从疾病起因、过程、转归等方面提炼出有价值的信息，积累珍贵的临床经验。纵观古今，方剂学的精华可谓是琳琅满目，人生可以学会的只是一个小角落，体会过这样的感觉以后，剩下的只会是对博大中医药文化的望洋兴叹，中医需要大力推广，中医的传承才不会断绝。

附录一

大事概览

1913年　朱古亭出生于湖州戴山。

1923年　开始读《幼学琼林》《孟子》《古文观止》等书。

1923～1930年　诵读《神农本草经》《黄帝内经》《伤寒论》《金匮要略》《医宗金鉴》等医著，积累理论知识。

1930年　随父亲朱仰庭侍诊抄方，以小楷抄方整整三年。朱仰庭独传父业精通眼科，后又向王梦兰、程幼泉先生请益，擅长治外感病与女科。

1938年　悬壶于长兴，谨遵父训，对病人一视同仁。

1951年　放弃个人开业收益，组织建立长兴洪桥中医联合诊所，担任所长。

1951年以后　在长兴中医学徒班兼职教师，教授四大经典与内、外、妇、儿科等十余门课程。

1956年　父亲朱仰庭去世。

1958年9月～1960年8月　在浙江中医学院深造。

1960年9月　因成绩优异留校任教，从事中医基础理论的教学和研究工作。

1960～1970 年　浙江中医学院两度并入浙江医科大学。期间，结识书法大师沙孟海、陆维钊，并与其他书画名家常有往来。朱古亭、陆维钊有感于古籍医典译注多有讹误，相约为中医古籍加句读，对部分错误注释进行修正。

1963年11月　参与编译《温病条辨白话解》。

1965年　在《浙江中医杂志》发表论文《朱仰庭先生治疗崩漏的经验：附先哲王梦兰、徐香泉通函论证一则》。

1970年后　不定期坐诊于浙江医科大学附属第一医院、附属第二医院、附属妇女保健院及浙江省中医院。

1975年　撰成《教学门诊医案选》，用作浙江医科大学的教学参考资料。

1976年　在《科技简报·医药卫生部分》发表论文《肝炎辨证施治的浅见》《谈谈诊治妇女更年期综合征的体会》。

1977年　在《浙江中医学院通讯》发表论文《中风辨证施治的浅见》《谈谈肝病的一点体会》。

1978年　在《浙江中医学院学报》发表论文《医案二则》《更年期综合征的证治》。

1979年　带教董襄国为研究生。在《浙江中医学院学报》发表论文《临床扎记》《淋证》。

1979年后　指导研究生撰写的《肝脾同病，孰先孰后》和《试析王孟英成为一代名医的几个因素》等文章获得浙江省中青年论文评比二等奖和三等奖。

1980年　收傅伟富为弟子。

1981年　在《浙江中医学院学报》发表论文《胁痛用药一得》。

1982年　在《浙江中医学院学报》发表论文《热病伤津》。

1983年　被评为浙江省名老中医，沈浪泳为其“师带徒”继承人。在《浙江中医学院学报》发表论文《经行泄泻》。

1985年　带教许小平为研究生。

1986年　带教竹剑平为研究生。在《浙江中医杂志》发表论文《峻补之剂施于仓卒》。

1987年　在《浙江中医杂志》发表论文《气的生理、病理与治疗》。

1988年　指导学生完成“朱古亭教授诊疗胃脘痛电脑模拟系统”，且该系统通过省级鉴定，并获浙江省老中医学术经验继承优秀奖。指导学生撰写的《阴阳熵的假设及其应用》选送参加国际生物教学学术会交流。在《浙江中医杂志》发表论文《朱仰庭先生学术经验简介》。

1989年　西泠印社及中国书法家协会浙江分会和湖州市文学艺术界联合会先后在杭州和湖州举办“朱古亭书法展览”，著名书法家沙孟海、郭仲选为其题字。《朱古亭书古文二篇》在香港出版。

1990年　沙孟海为朱古亭题写“嘉荫草堂”堂号。

1992年　在《吉林中医药》发表论文《医话五则》。朱古亭弟子整理的《朱古亭临证录》出版，沙孟海、何任、吴士元题字，潘澄濂作序，蒋文照作跋。

1994年10月　离开杭州，回到湖州老家。

1994年10月～1995年5月　在家中坐诊。

1995年11月　朱古亭与世长辞。

附录二

学术传承脉络

- 朱古亭
  - 董襄国
    - 吴明清
    - 李宗时
    - 阮善明　戴　金
      陆　宁　王进波
      周　杨　陈海滔
      吕永镇　楼毅云
      孙海燕　甘海球
    - 简卓欢
  - 沈浪泳
  - 许小平
  - 竹剑平
  - 傅伟富
    - 吴泽君
    - 王昌平
    - 付林华

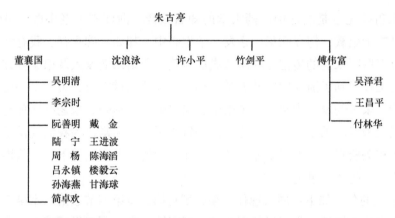

注：“学术传承脉络”收录的弟子，主要包括其研究生、师带徒传承人，此外跟随朱老学习过的学生还有一些，此不一一列示。

后记

朱古亭先生是浙江中医药大学的知名教授、浙江省名老中医。虽然他辞世已二十余载，但在病患、亲友、学生心中，却如丰碑永存。我有幸带领团队负责撰写朱老的传记。在团队成员组建、联络朱老家人及弟子等方面，我们的工作得到了浙江中医药大学基础医学院郑红斌院长、黄爱军书记的鼎力支持。朱老的家人朱楚文、朱秉阳、朱翠屏、朱利峰、朱老的侄孙媳张小英，以及朱老的弟子董襄国、沈浪泳、竹剑平、傅伟富，为我们提供了有关朱老的相关资料，并审阅了相关章节。在他们的帮助和支持下，书稿得以顺利完成，在此谨致谢忱。

书稿的分工如下：周云逸任主编，撰写第三章第四节、第六章第三节，并对全书修改统稿。张天星任副主编，撰写第二章。谭亚男任编委，撰写第一章、第四章、第五章。姚唐杰任编委，撰写第三章第一节、第二节、第三节及附录一。何一心任编委，撰写第六章第一节、第二节、第四节、第五节。张双艺任编委，协助外联，撰写附录二。

由于水平有限，本书尚存不足之处，敬请读者批评指正。

周云逸

2019年2月8日